MODA
À BRASILEIRA

O guia imprescindível para os novos tempos da moda

CARO LEITOR,
Queremos saber sua opinião sobre nossos livros.
Após a leitura, curta-nos no facebook/editoragentebr,
siga-nos no Twitter @EditoraGente e visite-nos no site
www.editoragente.com.br.
Cadastre-se e contribua com sugestões, críticas ou elogios.
Boa leitura!

MODA
À BRASILEIRA

O guia imprescindível para os novos tempos da moda

Alice Ferraz

Diretora
Rosely Boschini

Gerente Editorial
Marília Chaves

Assistente Editorial
Juliana Cury Rodrigues

Controle de Produção
Karina Groschitz

Preparação
Luciana Baraldi

Diagramação
Vanessa Lima

Revisão
Alyne Azuma

Redação
Marilene Ramos

Projeto Gráfico de Miolo e Capa
*F*hits*

Direção Criativa Moodboards
*F*hits*

Fotos e Tratamento de Imagens
*João Viegas/F*hits*

Foto do Capítulo 7
Cleiby Trevisan

Ilustrações
Sew Sketchy

Impressão
Edições Loyola

Copyright © 2017 by Alice Ferraz
Todos os direitos desta edição
são reservados à Editora Gente.
Rua Pedro Soares de Almeida, 114,
São Paulo, SP – CEP 05029-030
Telefone: (11) 3670-2500
Site: www.editoragente.com.br
E-mail: gente@editoragente.com.br

Dados Internacionais de Catálogo na Publicação (CIP)
Andreia de Almeida CRB-8/7889

Ferraz, Alice
  Moda à brasileira : O guia imprescindível para os novos tempos da moda/ Alice Ferraz ; ilustração de Sew Sketchy. - São Paulo : Editora Gente, 2017.
  176 p. ; il.

ISBN 978-85-452-0142-7

1. Moda - Estilo 2. Moda – Brasil I. Título II. Sketchy, Sew.

17-0149   CDD 746.92

Índices para catálogo sistemático:
1. Moda – Estilo 746.92

Agradecimentos

Há dois anos conheci Rosely Shinyashiki Boschini e a minha visão sobre o que era escrever um livro mudou.

Com generosidade e delicadeza, Rosely me fez ver que eu poderia dividir o que sei e o que ainda estou aprendendo através dele, que o livro não era o ponto final, a tal missão tríade, ter um filho, plantar uma árvore e escrever um livro. A minha obra poderia ser o começo de uma longa conversa, de aprendizado e interação, e de mudanças de rota também. Ela não seria definitiva, nada é. E assim me senti livre para escrever.

Minha gratidão à Rosely pelo convite e esse novo caminho aberto.

À Marilene Ramos pela redação perfeita, tanta paciência nas idas e vindas dos textos e ideias, que teimavam em sair aos poucos e em horários aleatórios.

À minha mãe, Maria Alice, pela vida, amor e exemplo de força e determinação.

Ao meu filho, Gabriel, meu amor maior. Ser mãe dele me trouxe aos 26 anos uma força inexplicável para ser quem sou hoje.

Ao Fernando, meu marido, sem você meu caminho profissional não seria possível, você me traz harmonia, aceitação, paz e equilíbrio para que eu siga em frente.

Agradeço à minha equipe Ferraz e F*hits, pela dedicação, lealdade e amor com que percorrem comigo esse caminho diário.

Aos meus cinco irmãos, Fabio, Ricardo, Ana Teresa, Fernanda e Ana Carolina, cada um de vocês teve participação fundamental nesse caminho que me trouxe até aqui.

Ao meu pai, Rubens Ferraz do Amaral, de quem herdei a paixão pelo trabalho, o empreendedorismo e amor pelo Brasil.

Minha maior gratidão a Deus.

Alice Ferraz

Sumário

Prefácio
Gloria Kalil 9
Apresentação
Alice Ferraz..11
Introdução..13

Capítulo 1
Algumas certezas da vida e 10 motivos para se vestir bem 17
Capítulo 2
Vamos combinar, você não está em Paris!!! 25
Capítulo 3
Estilo é um estado de espírito? Claro que não! Estilo é treino, muito treino! 29
Capítulo 4
Moodboard: vamos entender, lapidar as informações e criar o seu!.....33
Capítulo 5
O que você realmente precisa ter (tem-que-ter para quem, cara pálida?)..........67
Capítulo 6
O conceito do armário-cápsula..69
Capítulo 7
Apurando o olhar: leve suas pupilas para passear...................................73

Capítulo 8
Mudando (não somente) o visual..79

Capítulo 9
O conforto emocional ao longo do tempo..85

Capítulo 10
O importante não é ser alta e magra, é saber jogar a seu favor 93

Capítulo 11
Fashion victim, *fashionista e peças* statement 101

Capítulo 12
O poder do tecido certo 105

Capítulo 13
O que as cores, seu espelho e seu armário revelam sobre você........................115

Capítulo 14
Fast fashion *não é fast-food!* 125

Capítulo 15
Vintage 129

Capítulo 16
Praia e maquiagem: não dá para ser feliz sem! 133

Capítulo 17
Dá para se vestir bem no verão?..141

Capítulo 18
O mercado de luxo, as love brands *e você*...147

Capítulo 19
Escolher o que vestir é a primeira grande decisão do dia................................151

Capítulo 20
O primeiro passo 159

Posfácio
Você também pode influenciar a moda..165

Prefácio

Alice. Atravessando o espelho.

A primeira frase do livro da Alice é "moda não rima com medo". E é preciso não ter medo de nada para escrever um livro de moda e declarar logo em seguida "não sou estilista, *stylist, personal shopper, designer*, jornalista, nada disso. Nem um botão eu sei pregar".

Com que autoridade, então, ela está falando?

Com a de quem descobriu um lugar novo de olhar para a moda.

Alice começou sua vida profissional no departamento de marketing da Forum, nos fervilhantes primeiros anos da empresa criada por Tufi Duek. Depois teve uma boa experiência de varejo no Mappin, uma das grandes lojas de departamento do país, para, em seguida, abrir um escritório de assessoria de imprensa que atendia ao crescente mercado *fashion*. Percebeu, então, que, aos poucos, a moda havia se incorporado à sua vida e feito dela uma apaixonada pelo assunto.

Apaixonada, mas não cega, Alice foi observando os desdobramentos, os sucessos e os problemas desta indústria nervosa, tão tradicional, mas sempre renovada, que ela ajudava a se desenvolver com seu trabalho de assessoria. Aos poucos sua influência sobre os clientes foi aumentando e ela passou a criar e dirigir campanhas, procurar novas mídias e novas maneiras de aproximar as marcas de seus consumidores. Em 2011, deu-se o pulo da gata. Alice entendeu que a internet e seu fenômeno mais recente, as blogueiras, não eram vozes isoladas, mas uma poderosa mídia que, bem utilizada e dirigida, poderia ser um negócio novo, além de um novo modo de tratar a indústria *fashion*. Não mais a moda ditada por poucos para muitos, mas a interpretada por muitos, para muitos consumidores. Criou, então, o F*hits, uma plataforma de blogueiras, ou *digital influencers*, e virou um caso de marketing internacional projetando nomes como Camila Coelho e Lalá Noleto. O espelho da moda foi atravessado por essa ideia e não voltará a ser o mesmo.

E é deste lugar, desse observatório, dessa experiência inovadora, que vem sua autoridade de falar sobre moda e dar também sua visão sobre seus usos e suas manhas. Tudo! Na tarefa diária de descobrir blogueiras talentosas, orientá-las, procurar marcas e indústrias que se beneficiem ao ter seus produtos mostrados e usados por pessoas de diferentes estilos, é que Alice descobriu os segredos que fazem dela uma *influencer* também. Charmosa, moderna e hiperconectada.

Confie nela. Este livro é o resultado do olhar informado e muito pessoal de uma poderosa *player* do mundo da moda. Pegue na mão de Alice, atravesse com ela os espelhos e entre no país das maravilhas da moda. Você vai ver por que ela não rima com medo.

Gloria Kalil

Apresentação

Talvez você já me conheça pelo F*hits, talvez nunca tenha ouvido falar de mim.

Talvez já tenha ouvido falar até demais, e ficarei feliz 😊, mas independentemente de qualquer coisa, quero me apresentar, porque estamos prestes a embarcar em uma jornada única – para mim e, espero, para você.

Sou uma mulher como tantas outras, que trabalha pesado, às vezes mais de dez horas por dia, e sou apaixonada pelo que faço.

Pelo fato de ter escolhido a moda, essas horas todas podem ter um verniz que, por vezes, chega a encobrir os sentimentos mais genuínos do meu dia a dia. Assim como você, sou guerreira, em alguns momentos me canso, mas não desisto!

Adoro me comparar às formigas e elas estarão ilustradas em cada capítulo, como fonte de inspiração.

Sabe aquelas formigas grandonas (mas de cinturinha fina 😊), que chegam a ficar em pé? Então, adoro! Quando alguém pisa, elas continuam esperneando, sobrevivem e carregam de 50 até 100 vezes o próprio peso. Me inspiro e amo dizer que sou uma delas. Incansáveis, elas me chamam a atenção desde sempre; pela persistência, resiliência (pense em todos os obstáculos que elas superam diante da sua existência!) e por alcançarem resultados inimagináveis quando trabalham em conjunto. Trabalhar em conjunto e em rede é uma grande alegria, ter outras formigas comigo, aprender, ensinar, interagir. Esse é meu mundo.

Então, escolhi as redes sociais como minha melhor forma de expressão. É lá que compartilho o meu melhor e também o das minhas F*hits, criadoras de conteúdo que me enchem de orgulho e alegria. Quando estamos juntas, somos uma família e, como toda família, discordamos, brigamos, mas aceitamos umas às outras, e a energia da nossa união é maior que qualquer diferença que haja entre nós.

Diariamente, elaboro métodos de trabalho que transformam e aprimoram não só a minha forma de entender a moda, mas também a maneira como encaro a vida. Às vezes acerto, outras nem tanto, mas o fato é que me relacionar com mulheres tão diferentes e marcas parceiras tão inovadoras me inspira cada vez mais a buscar novos rumos, fazer tudo de novo de um jeito inédito, testar, experimentar, errar até aprender, mas nunca parar de tentar.

Foi com esse espírito que escrevi este livro: sem a pretensão de ensinar, apenas compartilhar a minha experiência pessoal e a forma como vejo a moda, com a certeza de que ela pode nos ajudar a ser pessoas melhores, mais cuidadas, mais confiantes e – por que não – mais amadas e respeitadas.

A começar por nós mesmas.

Boa leitura, beijos,

Alice Ferraz
CEO F*hits

Introdução

Moda não rima com medo.

Bom, antes de tudo quero agradecer. Afinal, você resolveu comprar este livro, emprestá-lo de alguém ou chegou até ele de outras formas. Não importa como isso aconteceu; o que importa mesmo é que você está me dando algumas preciosidades: seu tempo e seu desejo de melhorar ou aprimorar algo em você.

Por isso, o mínimo que posso fazer, nesta e nas próximas páginas, é dar o meu melhor! E você pode ter certeza de que estou aqui de corpo e alma para isso.

Quero mostrar a forma como enxergo não só a moda, mas a moda no nosso mundo.

E que mundo é esse? A moda no mundo da brasileira!

A moda à brasileira!

Afinal, por mais que eu ande pelo **mundo**, *sou brasileira* **como você.**

Nascida e criada aqui, sei que nosso país tem suas particularidades, seus traços culturais. Sei que somos únicas em vários aspectos, e a moda, com certeza, é um deles. Temos um estilo nosso e gostos que fazem parte de nossa cultura.

Dados apontam o Brasil como terceiro país em consumo de beleza, higiene pessoal, perfumaria e cosméticos no mundo, perdendo apenas para os Estados Unidos e a China.[1]

Para se ter uma ideia da importância que esse dado representa, basta lembrar que respondemos por 2,8% da população mundial e quase 10% do consumo mundial desses produtos! Isso quer dizer muito sobre nós e como nos vestimos. Quer dizer em especial que *gostamos* de nos sentir bonitas, produzidas e no topo do mundo – se possível, claro.

Neste livro, vou direto aos fatos: moda não rima com medo, e quem tem medo não muda, não se transforma. E quero ajudar você nessa transformação.

Sem medo, vamos invadir o nosso mundo da moda, sair dele mais lindas e, por que não?, mais bem-vestidas.

Pronta para essa deliciosa aventura?

Vou com você, lado a lado, dividir minha experiência, compartilhar meu olhar para, juntas, chegarmos ao *seu* lugar na moda! Sim, um lugar só seu, que não entra nos moldes das revistas ou da novidade da estação. Você não precisa se encolher ou mudar para se adequar a isso.

Sou uma mulher como tantas outras, mas minha antena nunca teve folga, sábado ou domingo. Sou curiosa e, principalmente, não tenho a menor vergonha de ser quem eu sou.

Não sou estilista, *stylist*, *personal shopper*, designer, jornalista, nada disso. Nem um botão eu sei pregar, mas sou capaz de devorar um tratado sobre o próximo comprimento das saias, mesmo que seja para discordar.

---

[1] www.redeglobo.globo.com/globouniversidade/noticia/2013/11/brasil-e-o-terceiro-pais-do-mundo-em-consumo-de-produtos-de-beleza.html. Acesso em 23 jan. 2017.

Respeito cada profissional da cadeia da moda, que sempre tem tanto a nos ensinar, mas aqui vamos olhar a moda pelo avesso, ou seja, de dentro para fora, e não o contrário.

Porque a moda não precisa ser fútil, pode ser profunda e pode nos levar a inúmeras reflexões. A moda, por mais incrível que pareça, pode auxiliar a nos aprimorar. Revelar quem somos ao primeiro olhar, ou com detalhes traduzir nossa personalidade.

A moda pode nos trazer segurança, confiança, autoestima. Compreender a moda não é só um dom, mas um talento que pode ser perfeitamente adquirido ou desenvolvido. É possível, com disciplina e esforço, mudar e moldar toda uma estrutura, externa e interna. Basta querer aprender. Aprende-se moda da mesma forma como é possível aprender um idioma. E eu quero que você seja fluente em moda para fazer suas próprias escolhas.

Moda pode ser desejo, vontade, paixão.

É aquele flutuar de vaga-lumes que me carrega aviões afora a cada semana de moda, que me enche de alegria, frescor e encantamento. Fico cansada, mas adoro, porque é mágico ver os tecidos se reinventando, as cores se transformando, uma indústria inteira mexendo com nosso coração e com nosso bolso também.

Portanto, para entender e viver a moda é preciso exercitar não só os sentidos, mas também o pensar. O pensar que nos deixa doidas a cada manhã, diante de tantos cabides sem absolutamente nada para vestir.

Você já se sentiu assim algum dia? Bem-vinda, este livro é para você.

Posso não ser sua fada madrinha, mas posso assegurar que, se você perder o medo, ao terminar esta leitura, poderá transformar o seu guarda-roupa e, de quebra, a sua história. 😘

Capítulo 1
Algumas certezas da vida e 10 motivos para se vestir bem

Existem três coisas das quais tenho certeza; quero começar este livro por duas delas:

1. *beleza, para mim, significa cuidado*
2. *moda significa respeito.*

Explico: antes de pular da cama, tenho mãe, cinco irmãos, um filho, oitenta funcionários, 12 milhões de inscritos no YouTube, 30 milhões de seguidores no Instagram, 18 milhões de seguidores no Facebook e 16 milhões de *page views* nos blogs, o que me torna responsável pela maior audiência feminina da América Latina por meio da multiplataforma digital que dirijo, F*hits.

Isso sem falar no efeito halo que toda essa visibilidade chega a alcançar. E no meu marido, para quem quero estar *sempre* bem cuidada. Por exemplo, como cuidamos de um filho? Demonstramos amor fazendo aquilo que é certo e saudável para ele: alimentação, higiene, carinho, pensando em fazer aquilo que o protege e melhora a vida dele. Então, cuidar de si mesma segue o mesmo princípio: se tratar com carinho, com mimo, com cuidado, zelo. E isso gera beleza. Se apresentar sempre bem cuidada para alguém que amamos é também dizer "eu me amo, por isso você pode me amar também. Eu me amo, então sei o que é cuidar bem de mim e dos outros".

Portanto, se eu lutei pelas minhas conquistas, não vou me permitir sair com o cabelo sujo ou uma roupa anônima e completamente sem graça.

Respeito essas pessoas *o suficiente para pensar em como vou me apresentar para elas; e mais:* **eu me respeito.**

É claro que tem dias em que a gente quer o moletom mais velho do mundo e, se possível, em modelagem masculina (aquela bem larga), porque sempre nos abraça melhor, é fato; mas vamos declinar dessa ideia e mostrar a que viemos. Prometo que você estará confortável, mas não precisa estar "largada", já que "largar" algo tem a ver com descaso, e o mesmo vale para nós mesmos. Porque se não houver esse respeito, não haverá uma pessoa bem-vestida na face da Terra.

Imagine você ser convidada para ser madrinha de casamento e subir ao altar de jeans só porque acordou meio casual naquele dia, ou porque se sente desconfortável de salto alto? Ou você, depois de se preparar por meses para fazer uma cirurgia que vai mudar a sua vida, chegar ao hospital, e seu médico estar de bermudas e chinelo de dedo porque, afinal... é domingo! Não dá! Fica difícil confiar em alguém assim.

Portanto, lembre que sua roupa fala muito antes de você dar bom-dia a alguém e, por mais que você resista, moda é importante, sim!

Mas tenha calma: isso não quer dizer que você precise gastar fortunas ou se fantasiar de algo que não é.

Então, mãos à obra, e nada de entoar o mantra que mais ouço: "Ai, Alice, você sabe que eu não sei me vestir...". É tudo uma questão de pôr reparo no olho, começando por você mesma.

Temos muitos papéis.

Às vezes, precisamos exercer todos eles no mesmo dia. E a **moda**, *muito mais que refletir um estado de espírito, vai mostrar e* **traduzir a sua personalidade** *para você mesma e para quem interage com você.*

Vamos exercitar quem você é e quem você quer ser no dia de hoje?

Porque eis a terceira coisa da qual tenho certeza: *um dia todo mundo vai morrer, e, até isso acontecer, você vai precisar se vestir.* Isso mesmo. Todos os dias você precisa se vestir.

Isso pode ser muito, muito estimulante!

Não ache que vim até aqui para fazer um discurso motivacional (que você já ouviu antes) e dizer que você deve se vestir de acordo com o cargo que quer assumir, que o mundo recebe melhor as pessoas bem-vestidas.

Pare um pouquinho para pensar: quando você fala que não sabe se vestir, diz isso porque não gosta de moda, não entende de moda ou tem vergonha de gostar e, no fundo, adoraria entender do assunto? Vamos lá, passar imediatamente um tecido bem macio e de ótimo caimento nesses (pré)conceitos!

1. Por alguma razão que desconheço – ainda bem, diga-se de passagem –, tentaram relacionar moda à superficialidade, ao foco

excessivo na aparência, a algum tipo de vazio que deságua em uma onda de futilidade e afirmar que o mundo tem coisas muito mais importantes para as quais devemos voltar nossa atenção.

E por acaso, pra salvar o planeta, a pessoa tem que estar malvestida? Como assim?

Por que não podemos colocar a beleza a favor de tudo isso? Por que não podemos nos vestir com capricho, olhar para o outro com o mesmo entusiasmo e também buscar nele o seu melhor? Enxergar a beleza, em nós e no outro, é o primeiro passo para atrair o belo, o limpo e, por que não?, o bem.

2. A roupa fala. Imagine o Super-Homem com tênis encardidos, camiseta de propaganda política e uma mochila com o zíper engastalhado? Conseguiu? Espero que não. Uma pessoa bem-vestida inspira confiança e segurança. E por mais que a gente nem sempre tenha tanta segurança assim, a moda pode dar aquela ajudinha que faltava em determinada situação.

3. Pense em uma pessoa que tem magnetismo. Algo que não sabemos definir muito bem, algo misterioso. Ela sempre, eu disse *sempre*, tem algo de muito pessoal no seu modo de vestir. Pode ser uma bijuteria, uma cor, um lenço; algo que faz você se lembrar dela ao ver aquele determinado detalhe em outra pessoa ou em outro lugar. Essas pessoas, invariavelmente, atraem pessoas e coisas boas. Mais do que isso, elas gostam de si próprias, se valorizam; daí a serem valorizadas pelos outros é um pulo. Por isso as pessoas magnéticas exercem uma influência profunda sobre as outras sem fazer tanto esforço. Mas essa chama, esse magnetismo pessoal, tem de vir de dentro. O acessório apenas representa isso, ou faz a gente se lembrar de sua existência. Se até hoje você foi influenciada pelos outros, pense na hipótese de influenciar. Por que não?

4. Marcas são registradas. Para não serem esquecidas, para não serem copiadas, para permanecerem vivas na mente e no coração

dos consumidores, não é isso? Então que tal um exercício? Pense na sua marca registrada, no que melhor possa representar você e lembre-se: as patentes expiram, os direitos autorais podem caducar, mas as marcas pessoais são eternas.

Somos um país miscigenado e com a cultura mais inclusiva do mundo. Conseguimos criar ao longo de nossa história um mix de criatividade, simplicidade e arte que nos torna únicos. Existe algo mais sensual e atual do que isso?

Então desista de uma vez por todas de se vestir como se fosse 100% loira, magra e alta, a menos que tenha nascido assim. Ao **aceitarmos as nossas origens** e *tirarmos proveito das nossas características, podemos ficar mais seguras e sensuais. E, quando nos sentimos* **sensuais**, *nos* **sentimos vivas**.

5. A moda se democratizou e vem quebrando regras a cada dia. Isso significa que você não precisa mais correr atrás de uma peça e querer usar aquilo de qualquer jeito, mesmo que não favoreça você. Conhecer o próprio corpo é fundamental antes de se vestir. Encare o espelho de frente e dê as costas à ditadura da moda, *so last season*...

6. Perca a vergonha de ser *plus*. Você pode ser *plus* size, *plus* sardenta, *plus* moderna, *plus* étnica, *plus* baixa, *plus* clássica, *plus*

genderless, *plus* qualquer coisa que faça com que você se sinta *mais e mais* confiante. Isso sim é ser *plus*, com muito orgulho!

7. Crítica e criatividade; duplinha que, quando resolve se encontrar, resulta numa deliciosa face da moda, que é uma espécie de transgressão e, por que não dizer, de ousadia que permite o nascimento de novas linguagens. Isso acontece aos poucos, quando você passa a se conhecer mais e começa a arriscar um pouquinho aqui e ali, até partir para voos mais altos, que você acaba fazendo sem perceber. Posso falar por mim, que usava botas brancas na adolescência – um ícone dos mais emblemáticos para indicar uma personalidade sem legendas – e até hoje vivo me surpreendendo, até mesmo me divertindo. Posso até estar esquisita, mas malvestida, nunca!

8. A imperfeição está na moda e, ao que tudo indica, veio para ficar. A quebra de padrões é a cada dia mais real e *fashionable*, as discussões sobre gênero e autoaceitação abrem espaço para o eu de verdade. Vamos aproveitar essa onda pra quebrar *definitivamente* nossos próprios preconceitos?

9. *A roupa, que nasceu funcional e passou a ser uma vitrine do emocional, pode adquirir agora um* **novo status: o inspiracional.** *O que você mais gosta em si mesma? Quem você quer ser? O que tem de melhor?*

E não estamos falando da cor dos seus olhos nem das suas pernas. Você definitivamente não precisa mais se escorar nas suas características externas apenas, e a moda não serve só para realçar atributos físicos, mas também para resgatar o que você mais gosta em si mesma. Seja generosa, divida o seu melhor com os outros!

Depois desses argumentos, alguém aí ainda acredita que moda é superficial?

Capítulo 2
Vamos combinar, você não está em Paris!!!

Se as francesas têm aquele *je ne sais quoi* que as torna tão chiques, nós, brasileiras, temos o borogodó, o balacobaco e o ziriguidum que nos torna simplesmente únicas!

E você vai deixar isso pra lá? Claro que não!

Você pode até não ter notado – por estar atenta a assuntos mais profundos – que estamos, há algum tempo, atraindo olhares de artistas, estilistas, fashionistas e até mesmo intelectuais do mundo todo. Por alguma razão, o Brasil tem sido visto como um caldeirão de ideias e de frescor. Alguma coisa tem aqui. Então, vamos em frente!

Já reparou como o bullying de tempos atrás vem perdendo espaço, dia após dia, para a autovalorização? Não resta a menor dúvida de que devemos isso às redes sociais, que mudaram o mundo por serem um novo modelo de comunicação, fácil, acessível, descomplicado, que fizeram com que todas as vozes pudessem ser ouvidas. E assim também pode ser a moda, afinal.

Amo revistas: as devoro e fico esperando saírem do forno. Gosto do cheiro do papel, de virar a página, mas uma coisa é fato: se antes você dependia exclusivamente de revistas e livros para se informar sobre moda (e sobre tudo), hoje também pode, em um clique, achar fácil, fácil, uma mulher muito parecida com você, que pode até estar do outro lado do mundo, e que se veste de uma forma interessante e inspiradora *para você*, assim mesmo, no singular.

E veja só: ela pode não ser alta nem magra. Pode não ter estudado moda. Por vezes ela nem saberá distinguir um *loafer* de um *oxford*. Mas afinal que palavras são essas? E para que preciso entender profundamente de moda se a única coisa que eu quero é me sentir bem dentro das minhas roupas?

Essas mulheres tão especiais são as influenciadoras digitais, ou blogueiras, como estamos mais acostumadas a ouvir falar. Elas criam conteúdo próprio e estão mudando a forma como vemos e consumimos a moda hoje.

São mulheres comuns, mas que de forma incomum influenciam por meio de seus Instagrams, blogs e canais no Youtube, a partir das mais diversas partes do país e do mundo. Elas começaram a dividir suas experiências pessoais há cerca de dez anos e hoje têm o poder das mais renomadas publicações sobre os assuntos mais variados assuntos, incluindo a moda. Elas têm gosto próprio, exploram inúmeras possibilidades e não têm medo de se expor. Por isso, acredito que temos muito o que aprender com elas!

Estamos, antes de tudo, diante de um fenômeno de comunicação e não podemos fechar os olhos para isso. E esse é um fenômeno lindo, do qual, obviamente, sou bem suspeita a falar, porque elas também me inspiraram a criar e me dedicar todos os dias a meu blog pessoal, Instagram, Youtube e a um modelo de negócios inusitado e fabuloso que me motiva a seguir criando todos os dias!

Traduzindo do "marketês" para o "fashionês", seria algo como:

> ANTES > RELAÇÕES "UM PARA MUITOS":
> as marcas ditavam a moda e nós as obedecíamos.
>
> AGORA > COLABORAÇÕES "MUITOS PARA MUITOS":
> pessoas como você e eu compartilham suas opiniões e acabam definindo e disseminando o que vai entrar na moda e o que não.[2]

---

2 KOTLER, Philip; KARTAJAYA, Hermawan; SETIAWAN, Iwan. *Marketing 3.0: as forças que estão definindo o novo marketing centrado no ser humano.* São Paulo: Campus/Elsevier, 2016. E-book.

Diante dessa maravilha dos novos tempos e que tanto nos empodera, vamos olhar para nós mesmas com mais orgulho, brasileiras cheias de cores e curvas que somos!

Atualmente, não faz mais sentido dizer que temos de usar a clássica camisa branca se gostamos mesmo é da azul-turquesa. E não adianta uma regra querer impor que o turquesa não é certo para determinado tom de pele porque quem faz a regra, agora, somos nós!

Não devemos pensar em colocar um casaco comprido para nos esconder quando ganhamos uns quilinhos, se nós, brasileiras, adoramos uma praia, uma minissaia e ainda temos sempre uma academia pertinho de casa. Nosso corpo está a maior parte do tempo à mostra e, se os quilinhos extras nos afetam, é preciso fazer algo com relação a eles ou superar essa questão e nos vestir conscientes das curvas que temos.

Não adianta usar a blusa *navy* listradinha de azul se essa proporção não favorecer ou se você não se sentir incrível nela. Não adianta vestir preto e marinho porque ouvimos que é mais elegante se adoramos o floral mais ardente da temporada. Não adianta usar aquele perfume denso e marcante que você experimentou dentro de um shopping com ar-condicionado se precisa de algo fresco embaixo de um sol de 40 graus. Não adianta, por fim, sermos uma imitação barata de alguém que mora no hemisfério norte, principalmente por que, diante de tanta personalidade, energia, sol, suor e samba, *é impossível negar a nossa autenticidade.*

Porque isso não está à venda.

Não tem no shopping pra comprar.

Não cabe na bolsa mais cara.

Porque isso, definitivamente, já é seu.

Basta tirar aí de dentro,
e você será a mulher mais copiada.

Do mundo.

Capítulo 3

Estilo é um estado de espírito?
Claro que não! Estilo é treino, muito treino!

Uma vez li que moda, estilo, elegância, tudo isso era estado de espírito ou até mesmo um dom, um talento nato. Ufa! Que coisa mais abstrata essa! Com todo respeito a quem falou, penso que uma afirmação dessa é completamente equivocada e pode ter confundido ou desanimado você por muito tempo, por uma razão muito simples: então se você está (ou é) deprimida ficará confinada e condenada a se vestir mal por causa disso? Lógico que não! E se você não nasceu com esse dom de saber se vestir, não pode adquiri-lo com a prática? Também não acredito nisso. Vamos então deixar as coisas claras, da maneira como acredito que possam ser para todas nós.

Muito diferente da beleza, a pessoa não nasce com estilo. Entendo que algumas pessoas podem nascer com certo talento para se vestir bem ou com um olhar mais apurado em relação à imagem no geral, mas, para estilo, esse talento vem com o tempo.

O estilo pode se manifestar na adolescência, quando começamos a nos espelhar em alguma celebridade, na personagem de uma novela, em alguma pessoa importante nas inúmeras redes sociais, naquela menina da escola que é popular ou em alguém da própria família. Esse alguém, seja lá quem for, é preciso e é a quem devemos agradecer muito, pois despertou algo dentro da gente, o tal estilo que teremos no futuro.

Então começamos a construir, de forma até mesmo inconsciente, o estilo que pode ou não se desenvolver. E a boa notícia que tenho para dar é que sempre é possível aprimorar o seu estilo pessoal, basta mudar suas referências e alguns hábitos.

Escolha uma pessoa pública e reconhecida. Pode ser alguém do universo da moda ou uma celebridade. Pesquise informações sobre ela e analise algumas fotos: o tempo ajudou ou atrapalhou o seu estilo? Na maior parte das vezes o tempo é um grande aliado, pois a pessoa vai adquirindo confiança e depurando o próprio estilo.

Anime-se! Temos tempo para trabalhar e aprimorar o nosso estilo, a idade só vai nos favorecer.

É com o tempo que vamos entendendo o que nos cai melhor; é com o tempo que percebemos com qual salto do sapato andamos melhor; é com o tempo que sabemos por que diante de vinte calças pretas, escolhemos *aquela* que nos deixa mais bonita.

Então, quando falo sobre **treino**, *falo também sobre dedicação, esforço e atualização. É preciso* **experimentar**, *testar,* **treinar o olhar**.

E isso requer tempo, tanto ao longo dos anos como aquele que você tem de investir para procurar e observar pessoas que inspirem, para provar peças, modelagens, cores e tecidos que favoreçam. E mais: você precisa de um tempo para estudar tudo isso e adaptar à sua realidade, ou vai acabar se vestindo sempre como a sua vizinha que achou uma calça bege incrível por um preço idem e assim segue pela vida. Vestida, mas sem estilo e eternamente bege...

Observe também que as pessoas que você admira e têm estilo. Todas elas carregam uma *persona*[3] (que Jung me desculpe por entrar sem bater em seu território), mas acredito que uma persona bem construída pode complementar o nosso espírito, alegrar a nossa alma e trazer leveza para a nossa vida. Por que não?

Mas não vou me deter em Jung. Vou focar no meu *business* – Inteligência em Marketing Digital para Moda – para falar de persona.[4]

Quando falamos em persona – no universo das marcas – traçamos linhas e caminhos, visuais ou sensoriais que são verdadeiras diretrizes para elaborar e aprimorar a essência, o propósito e o conceito da marca e, mais do que isso, para facilitar a sua comunicação e seu entendimento pelo outro. O mesmo podemos fazer por nós mesmas! E esse será o meu caminho com você.

Vamos deixar a intuição, o dom, o talento e o estado de espírito livres para outras coisas mais sublimes e iniciar o treino diário que é foco no olho e mãos na massa?

Nos próximos capítulos te convido a um delicioso exercício, pessoal e intransferível, que é desenvolver a *sua* persona. Vamos começar a pensar juntas o tão amado moodboard! Curiosa? Estou alegre por você ter chegado até aqui e ter confiado que até o final deste livro nosso objetivo será atingido.

Com mais moda e mais estilo, à brasileira.

---

3 Persona (*psic.*), na teoria de Carl Gustav Jung (1875-1961), psiquiatra e psicoterapeuta suíço, trata da personalidade que o indivíduo apresenta aos outros como real, mas que, na verdade, é uma variante às vezes muito diferente da verdadeira.

4 Persona (*mkt.*) é a representação fictícia do cliente ideal. Ela é baseada em dados reais sobre comportamento e características demográficas, histórias pessoais, motivações, objetivos, desafios e preocupações. (Fonte: <www.resultadosdigitais.com.br/blog/persona-o-que-e/>. Acesso em 26 jan. 2017.)

Capítulo 4

Moodboard: *vamos entender, lapidar as informações e criar o seu!*

Criar um *moodboard* não é tarefa fácil, mas é importante, garanto, e pode dar a você liberdade para voar. Primeiro vamos dissecar a palavra para depois lapidar o resto e somente então começar a buscar referências e essências.

É importante entender o sentido da expressão, porque não tem coisa mais fora de moda que falar algo que a gente não sabe ou não entende. Vamos lá! Hoje, mais do que nunca, a verdade é primordial na nossa vida (e isso é uma lei para quem trabalha com as mídias digitais); acabou a era das máscaras ao mesmo tempo em que começou a era do compartilhamento (ainda bem)! 😊

Mood: não vamos para tradução literal, para isso você tem o Google Tradutor. Entre as traduções que você pode encontrar estão: humor, disposição, ânimo e estado de espírito. Enfim, está tudo revelado, agora entendemos por que tantas vezes ouvimos dizer que estilo era um estado de espírito (sei, sei...), ainda que eu discorde dessa afirmação. Vamos ao sentido da palavra, porque a vida real, essa que nos sacode todos os dias, não é o Google Tradutor. É preciso nadar abaixo da superfície se quisermos expandir nosso conhecimento. *Let´s make it deeper*!

O *mood* ao qual me refiro, é esse *feeling* temporário que, de fato, é o nosso *mood*, o nosso clima, a nossa *vibe*, por assim dizer. Ou seja, o *mood* muda!

E se lá na sua adolescência você teve valiosas nuances do que seria o seu estilo, agora o mundo mudou, você mudou, e é hora de pegar todas essas referências para montar uma prancha, placa, quadro ou mural (ou seja, o *board*) com o objetivo de fazer uma colagem particular e criar o seu *moodboard*, ou seja, a soma do que você foi até hoje com aquilo que... pretende ser!

Claro que fazer tudo isso pela internet ficou muito mais fácil, mas já fiz (e você também pode fazer!) *moodboards* com recortes e mais recortes de tudo o que amava, colando em folhas ou cartolinas. E é assim mesmo que a maior parte dos estilistas ainda se inspira. Em seus *moodboards*. Além de ser uma deliciosa terapia, você vai selecionando, recortando, colando... Quando vê, tem uma peça autêntica e que diz muito sobre você.

Para fazer um *moodboard*, você vai precisar observar do olho para dentro, rever a sua história, analisar cuidadosamente o seu presente, com todos os detalhes do seu cotidiano e buscar o melhor de si mesma, pesquisar sites e lojas para começar a projetar o seu futuro próximo. Isso requer calma e algumas reflexões, portanto, nada de ansiedade! Se fizer correndo, seu *moodboard* já estará fadado a perecer antes mesmo de você terminar de ler este livro. Além disso, o processo é muito enriquecedor. Quantas vezes a sua viagem não foi muito mais prazerosa que o destino final? Isso pode muitas vezes acontecer na montagem de um *moodboard*.

A pressa é inimiga do *look* perfeito, basta você pensar na última vez que se vestiu correndo para uma festa ou tentou fazer o delineado fininho nos olhos enquanto resolvia mil outros assuntos no celular... Segurança é a chave, e ater-se ao presente tem sido cada vez mais difícil em tempos que exigem que sejamos multitarefa.

No F*hits, temos algumas práticas que eu gostaria de dividir com você. Cuidamos de mais de duzentas influenciadoras digitais. Sim, você não leu errado, estamos falando de mais de duas centenas de criadoras de conteúdo, por isso educar o olhar é fundamental, até porque não podemos esquecer que essas profissionais eram pessoas comuns até pouco tempo atrás e agora têm repertório suficiente para compartilhar *seu estilo* e suas experiências e opiniões com milhares de mulheres ao redor do globo.

Isso é mágico e requer um aprofundamento na essência feminina de cada mulher. Tão importante quanto analisar dados e características pessoais, são as referências, pois são únicas e fazem total diferença. Para expandir esse conceito é preciso alargar o olhar. Uma vez que você encontre seu próprio caminho, vai encontrar também a sua estética. Dessa forma, por mais que os produtos disponíveis nas lojas sejam os mesmos para todas, o seu look será único, assim como seu estilo. Vou ensinar como apurar seu olhar e adaptar cada tendência ao seu estilo de ser e viver, à sua personalidade e aos lugares onde você circula.

Viagens, revistas, desfiles, retalhos de tecidos, bairros que gosta de visitar, lojas, internet, perfumes, músicas, tudo é válido para ampliar seu repertório de imagens. O seu guarda-roupa, portanto, será um reflexo disso. Evidentemente, a internet resolve muito e viajar requer um investimento mais robusto, mas se tiver de optar em um único item para começar, invista em um bilhete aéreo, seja ele para um destino nacional ou internacional.

Viajar traz encantamento para a alma e repertório para o estilo, e, antes que você me pergunte "mas como viajar com meu orçamento tão apertado??", saiba que essa viagem também pode ser substituída por uma linda e profunda pesquisa na internet. Conhecer ou descobrir novas culturas, as grandes capitais do mundo ou vilarejos cheios de charme, podem nos ensinar muito.

Esteja aberta, *olhe com profundidade e, como gosto de dizer,* **"seja porosa"**, *ou seja, deixe-se influenciar, deixe entrar. Só assim depois dessa mistura algo novo vai surgir.* **Você e seu estilo próprio.**

Essa viagem não é para comprar compulsivamente em *outlets físicos ou virtuais*. Esqueça, nem que por um período, o consumo de superfície. Pense no *consumo autoral*, que só acontece para aqueles que têm uma história por trás das roupas que vestem. E o que indico é começar sempre pela sua história antes de gastar em pedaços de tecido. Esse é o *breaking point* do estilo, é buscar sua essência para poder evoluir a partir dela.

Pense inicialmente na Europa. Não por ser um destino mais distante, mais chique ou mais caro, mas por ter uma herança, um legado histórico e, por consequência, estilo e moda.

Ou pesquise com mais profundidade sobre suas origens. Que tal começar pelo berço da sua essência e de seus ancestrais? Entre eles, existem imigrantes, índios, africanos? É uma herança estética riquíssima de se pesquisar. Isso vale também para o Japão, a América Latina e outras civilizações não recentes, pois é lá que se encontram as nossas raízes mais autênticas e, ao voltar da sua viagem, é natural que você traduza todas essas informações para a sua realidade. Recodificar e ressignificar são ações inerentes a essa experiência e as viagens são excelentes pontos de partida.

Desconectar para conectar ainda é uma receita infalível, portanto, deixe-se levar por uma rua desconhecida, por um prato novo. Refresque-se com uma bebida local e delicie-se em museus e galerias que, em silêncio, sempre nos presenteiam com referências eternas.

Rompa *com os* **preconceitos**. *E* **resista** *bravamente*.

Não caia na cilada de sair consumindo na rua da moda ou em sites de compras fáceis, que são sempre grandes armadilhas para os desinformados. Alimente seu corpo e seu espírito antes de comprar qualquer coisa. Não ache, por fim, que, para aprimorar seu estilo, basta cair em Miami (nada contra, mas não nesse primeiro momento) e encher as malas com roupas novas; a menos que você seja uma menina mimada com menos de 15 anos, quando tudo é permitido e o dinheiro não é seu. Deixe os *outlets* para mais tarde, quando precisar complementar e refrescar seu *moodboard* com itens de qualidade por um preço excelente.

Falando em dinheiro, caso sua situação não permita uma viagem internacional nesse momento, não desanime, não desista! Existem outras possibilidades para começar a apurar o olhar e a internet é a nossa maior aliada para isso.

Use a internet a seu favor e aprofunde sua pesquisa sem gastar nada. E o mais importante: organize-se. Parece complexo? Pense em todos esses anos gastando em peças desnecessárias que não dizem nada sobre quem você é, e logo você vai ver que cada minuto de pesquisa vale a pena! Pense em cada roupa que você já comprou e depois "encostou" por não ter ficado tão bem na vida real quanto sob luz do provador da loja.

Caso decida pela viagem, eis aqui uma dica preciosa: se é para investir em educar a sua pupila, comece por Paris e, uma vez lá, o ponto de partida é a Avenue Montaigne. Não porque ali você vai encontrar as peças mais caras, nem para comprar, mas para lapidar o olhar. Entenda que essa lapidação fará diferença quando você entrar em qualquer loja, inclusive nas *fast fashion*. É nessa avenida que estão as grandes *maisons* e, portanto, as peças com os melhores tecidos, acabamentos e a mais pura informação de moda.

Matérias-primas de primeiríssima qualidade, quando unidas a genialidade criativa e excelente mão de obra, fazem toda a diferença. Pode ser um tom de rosa que não é vulgar, um corte que faz a roupa cair no corpo como se tivesse sido desenhada para você, uma proporção que definitivamente muda e melhora quem veste. Tudo isso tem a potência de mudar por completo uma roupa e, por consequência, quem a veste.

Não é à toa que uma peça dessas envolve tantas pessoas e horas na sua confecção. Isso faz total diferença e somente ao entrar em contato com o que é, compreendemos melhor a distância abissal que existe entre o bom e o ruim.

Pense naquele seu namoradinho que não sabia beijar direito. Isso também requer treino! 😉

Somente depois desse exercício, e sem direito a compras desnecessárias, você estará apta para iniciar a pensar sobre o seu *moodboard*!

Pronta para novas experiências?

Então, reflita comigo: O excesso de informação tem o poder – terrível, diga-se de passagem – de bloquear nossas melhores iniciativas. Hoje em dia, nos vemos diante de tantas possibilidades que, por vezes, é fácil desistir. Por isso o seu *moodboard* vai ser seu guia prático. O que estiver dentro faz parte das referências que você usa para montar seus looks, e o que estiver fora, não.

Portanto, quando deixar de fora uma minissaia, por exemplo, não vai adiantar ninguém querer convencer você (nem você mesma, resista!) a comprar aquela linda minissaia, com preço ótimo e com aquele tecido divino que você ama, porque não vai conseguir. Ela não entra e pronto. Seu estilo, aquele que você passou dias lapidando, não pode mudar assim, por preços e vontades momentâneas.

Então, vamos por partes
e jogando **sempre a nosso favor.**

É essa curadoria, do que entra e do que não entra, que faço com as *content creators* do F*hits (e o que sempre fiz comigo mesma, claro!) e que vou fazer aqui com você. Invista esse tempo precioso em você e (re)descubra-se, pois todos os detalhes são importantes para a construção da sua persona *moda*.

Vamos começar com um pequeno raio X. Olhe para si mesma, como se estivesse diante de um bom e sincero espelho imaginário, e tente responder aos seguintes itens:

- nome
- sexo (pode ser o que você nasceu ou aquele que representa você)
- idade (a que você nasceu, por favor, e cuidaremos de algumas distorções mais adiante)
- cargo/ocupação
- ramo de atividade
- meios de comunicação que utiliza
- ambientes por onde circula
- objetivos
- desafios

Observe que não coloquei aqui se você está casada ou solteira, acho terrível alguém precisar se vestir de acordo com seu estado civil. Você tem de se vestir *por* você e *para* você. Se o cônjuge em questão tiver o poder de determinar o seu guarda-roupa, indico ler outro livro ou partir para uma leitura a dois, o que pode ser tremendamente divertido e enriquecedor! Invista sua energia num *moodboard* para ele também e use o dinheiro da terapia de casal para a sua próxima viagem! 😍

Agora, vamos ao espelho de fato. Observe-se com determinação e, se tiver um espelho retrovisor, ainda melhor. Coragem!

- **Formato do corpo**: triângulo 🔺, retângulo ⬛, pera 🍐, maçã 🍎, ampulheta ⌛.

- **Altura**: estatura baixa, média ou alta, em centímetros.

- **Cabelo**: cor, textura, comprimento; seu cabelo em silêncio fala mais alto que você aos berros, portanto, cuide bem dele, um cabelo nervoso pode causar estragos mais graves que uma bomba atômica.

- **Tom de pele**: observe cuidadosamente seu rosto, seu pescoço, seus ombros, suas mãos, seus braços e suas pernas e não somente o espelho do banheiro.

- **Colo:** aproveite para relembrar se você passa ou se esquece o filtro solar nessa área; lembre-se do quanto o rosto e o colo são importantes.

- **Seios:** pequenos, grandes, pesados, flácidos, inexistentes. Antes de cair "na faca", aprenda a escolher um bom sutiã e saiba que existem modelos para solucionar tudo isso deixando você confortável com quem é.

- **Cintura:** seja bem honesta e ponha o olho por alguns instantes no seu umbigo. Mesmo que você tenha 60 cm de cintura, pode ter um umbigo cujo formato não lhe agrada, então, basta encarar seu umbigo de frente para saber que um olhar apurado vai ser mais importante que os números marcados na fita métrica.

- **Quadril:** antes que você se mate – ou me mate –, não há problema algum em ter mais de um metro de quadril. Eu também tenho e tiro proveito disso! Afinal, estamos no Brasil e não no Japão.

- **Pernas:** grossas, curtas, longas, flácidas, celulite em que grau e... como anda mesmo o seu joelho? E, já que chegou até aqui, observe seus tornozelos e pés também.

- **Pontos fortes:** anote aqueles de que você tem orgulho 🙌. Se não sabe, avance para a linha de baixo e ao terminar seu *moodbard* vai conhecê-los bem de perto!

- **Pontos fracos:** esses sabemos bem. 😌 Se não souber, ou se seu ego produzir algum lapso de memória, pergunte à sua melhor amiga e, se ela disser que você não tem, mude de amiga.

- **O que traz confiança:** geralmente é o que você põe na frente na hora de uma boa briga. Quando quer impressionar, o que destaca? Como você se arruma para a reunião da sua vida? Podem ser as mãos, o rosto, a boca, o nariz, o olhar, a voz. Pode ser o tornozelo ou os ombros, enfim, seu ponto forte é por onde ou por meio do qual você invariavelmente se expressa melhor. Sozinha, a dois ou em público. E, se depois dessa reflexão, você percebeu que o que dá confiança não são seus dotes físicos, mas são seus óculos, a sua caneta da sorte ou seu par de tênis de corrida, tudo bem também! Faça um ótimo investimento em breve nesses itens que reforçarão seu estilo, qual o problema?

- **Onde você vive e qual seu estilo de vida**: ou para onde pretende mudar; essa bússola é fundamental para não errar feio no *moodboard* e acabar cheia de referências que não combinam com você (ou com seu novo eu).

Se quiser aprofundar, procure responder a estes itens:

- Lugares que amo:
- Tecidos de que gosto:
- Perfumes preferidos:
- Músicas que gosto de ouvir:

Tudo isso simboliza a sua essência, dá sinais de sua personalidade e/ou do seu trabalho e por fim, os itens com os quais você quer de fato, se comunicar.

A moda, na verdade, entra no jogo como deliciosas intervenções pontuais, com itens sazonais que atualizam e dão *refresh* ao seu *moodboard* e ao seu estilo.

Conclusão: a roupa veste, a **moda comunica** *e o estilo* **personifica**.

Fiz o meu *moodboard* – e também o de algumas das minhas F*hits – na tentativa de ilustrar esse pensamento e, claro, inspirar você a fazer o seu! 😉 😍

Note que estou observando mulheres de diferentes idades, biótipos e que vivem em diversas regiões do Brasil.

42 | MODA À BRASILEIRA   Capítulo 4

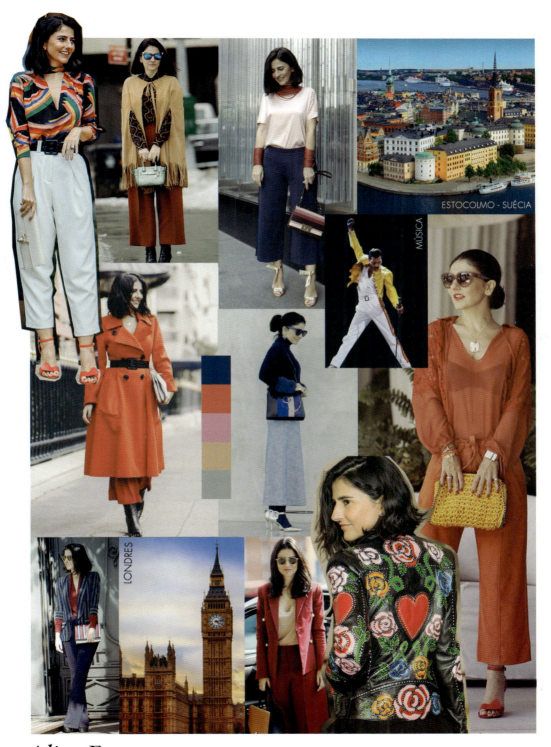

Alice Ferraz, empresária de moda. Ama o mix entre o atemporal e o conceitual. São Paulo, 46 anos, veste 38 em cima e 40 embaixo. 😊

Camila Coelho é *trendsetter*, sofisticada e extremamente feminina. Minas Gerais, 29 anos, veste 34.

"Os cintos largos imprimem força ao look, valorizam a cintura e trazem a feminilidade, que é minha marca registrada. Sempre procuro alongar a silhueta; modelos de cintura alta dominam o meu guarda-roupa. Amo a moda e o que ela representa."

ALICE FERRAZ | 45

Lalá Noleto, natural de Goiânia, é naturalmente sensual e, como toda fashionista, tem fome pelo novo.
Goiás, 33 anos, veste 36.

"Não tenho medo de arriscar; o high low define meus looks que misturam o moderno e o clássico, a tradição e a inovação, sempre valorizando meus pontos fortes – pernas e ombros. Gosto da sensualidade que nós, brasileiras, temos!"

ALICE FERRAZ | 47

Helena Lunardelli, paulistana, fashionista na essência, traz para os seus looks os códigos mais cosmopolitas: um mix de influências, estilos e culturas.
São Paulo, 31 anos, veste 36.

"Uso tudo que gosto, mas sou fiel a minha cartela de cores neutra, com destaque para o branco, o preto e tons de bege. Arrisco nas modelagens e nas peças statement, principalmente nos sapatos."

ALICE FERRAZ | 49

Sophia Alckmin, nascida no interior de São Paulo, é *mignon*, clássica e sabe alongar a silhueta com truques de *styling* bem fáceis de seguir. São Paulo, 37 anos, veste 36.

"Minhas cores são branco, marinho, preto e, quando quero cor mesmo, adoro vermelho! Capricho nas blusas e nos comprimentos que alonguem minha silhueta, além de sapatos bem diferentes ou saltos para equilibrar as proporções."

ALICE FERRAZ | 51

Silvia Braz, fluminense em Paris, Capri, ou onde sua bússola *fashion* parar, sabe jogar perfeitamente com as proporções. Seus looks são sempre sofisticados e impecavelmente bem acabados.
Rio de Janeiro, 37 anos, veste 38.

"Meu biótipo tipicamente brasileiro pede cuidado especial para as coxas, por isso, ao usar uma calça justa, equilibro com blazers ou blusas um pouco mais longas e capricho nos acessórios, eles trazem minha personalidade para qualquer look. Acho a brasileira extremamente feminina e gosto disso."

ALICE FERRAZ | 53

Luiza Sobral é vibrante, exuberante, alegre e *cool*, traços de seu DNA 100% carioca.
Rio de Janeiro, 27 anos, veste 36.

"Me identifico muito com o mix equilibrado do urbano com a praia, do trabalho com o lazer. O cabelão traz sensualidade para minha imagem, então a maquiagem é sempre leve, quase nada, como pede o Rio de Janeiro. A vida é leve e colorida, esse é meu tema."

Nicole Pinheiro, é *trendy*, ultra sofisticada, e traz na alma o nordeste com cor e vida para todos os seus looks.
Ceará, 29 anos , veste 36.

"Nasci em Fortaleza e de lá trago a minha relação com a cor, que misturo aos *shapes mais clássicos."*

ALICE FERRAZ | 57

Rebeka Guerra é pop, solar, colorida e absolutamente *fashion*; sabe se vestir como poucas, em qualquer temperatura.
Pernambuco, 29 anos, veste 38.

"Gosto de valorizar minha altura (1,74m) e dos aromas cítricos e frescos. Não vivo sem meus maxi brincos, tênis customizados e maquiagem para acentuar maçãs do rosto e boca, além de corrigir o nariz. 😊 *Sou uma fashionista, estou pronta para o novo."*

Claudia Bartelle, gaúcha, é eclética e até sua beleza clássica não escapa do estilo imprevisível: de salto ou de tênis – item indispensável em seus looks – o passo é sempre de uma fashionista.
Rio Grande do Sul, 40 anos, veste 38.

***"Volumes e babados fazem
a composição perfeita com
minhas peças em couro, chave para
o estilo gaúcho que adoro."***

ALICE FERRAZ | 61

Alice Salazar é uma gaúcha intensa, perfumada, que transborda energia positiva e ama o frio, além de uma boa maquiagem.
Rio Grande do Sul, 33 anos, veste 44.

" Colo e ombros são meus pontos fortes e uso muito pantalonas e saias midi, *que deixam em evidência meus tornozelos delicados, ao invés das coxas! A moda entrou na minha vida e definiu meu estilo."*

ALICE FERRAZ | 63

Lucy Ramos é cosmopolita, mas mantém as raízes nordestinas nas suas cores e no seu estilo de vida.
Pernambuco, 34 anos, veste 36.

"Meus cachos são minha marca registrada e gosto disso. Sou pernambucana e moro em São Paulo. Para compor meu estilo, gosto de cores vibrantes que trazem um ar sofisticado."

ALICE FERRAZ | 65

Capítulo 5
O que você realmente precisa ter (tem-que-ter para quem, cara pálida?)

Você pode se decepcionar com este capítulo ou ficar grata pelo resto da vida, mas vou direto ao ponto: não acredito em peças eternas, as famosas tem-que-ter.

Sei que todos os manuais de estilo falam da eterna camisa branca, mas se você detesta camisa branca, se acha que ela não favorece você, não faz o menor sentido para o lugar onde você vive, não tenha, não compre.

Crie seu *moodboard* para você mesma. E, se, a qualquer momento, a tal camisa branca fizer sentido, avalie com calma. Se achar que passou a fazer sentido, ela pode realmente entrar no seu *moodboard*.

Ser uma pessoa "porosa" significa estar aberta a novas possibilidades, permitir que o novo entre em sua vida, tal qual um papel que recebe as pinceladas de uma aquarela. Sem essa porosidade, uma aquarela jamais existiria. A porosidade do papel permite que as tintas de espalhem e ganhem forma diferente da original. Única, singular e impossível de ser reproduzida.

Portanto, os únicos tem-que-ter que importam de fato, são a sua dignidade e o respeito por si mesma.

Pronto, falei.

Capítulo 6
O conceito do armário-cápsula

Agora vamos ao que interessa, falar do que é novo, pois essa história dos tem-que-ter me cansa, me enche de tédio. 😴

Todo tem-que-ter, ou *must have*, como você já deve ter lido por aí, se baseia em uma época, em um desejo momentâneo e no desejo de uma pessoa. Eu tenho meus *must have* mas não os *must have* dos outros. Se você tem um desejo e se a tendência de uma época ficar bem em você, ok, tenha *os seus*. Mas saiba que a maior parte das peças vai e volta. Se você comprar até mesmo uma camisa branca "tem-que-ter", muito provavelmente ela vai durar algumas estações e depois ficará guardada no seu armário até voltar à moda. Quando voltar... talvez esteja repaginada, com outro *shape*, portanto, não terá a mesma força de antes. Resultado: você não terá o mesmo efeito e ainda correrá o risco de parecer que saiu do túnel do tempo.

"Mas, Alice, eu quero saber o que ter... quero e pronto" – é algo que ouço muito.

Ok. Se pensarmos exclusivamente no momento em que este livro está sendo escrito – verão de 2017 –, você "precisaria" de um maxibrinco, uma calça *cropped*, uma peça com mangas *oversized*, uma outra com babados, peças com brilhos. Mas, por favor, volte três casas se não entendeu que você "precisa" de tudo isso apenas se essas peças favorecerem você, pois existem outras tão importantes quanto essas. Tudo vai depender de seu *moodboard*.

Além do mais, esse é um tema que já foi falado e cantado em versos, prosas e outras chatices do mundo da moda. Existem milhões de livros sobre isso, sobre o jeans, a calça preta, o *trench coat*, a camisa branca, o blazer marinho, o mocassim. Ahhhh, que preguiça! 😴

Quem disse que alguém que mora num calor destes precisa de um *trench coat* impermeável ou que a camisa branca vai ficar bem para você? Precisamos de um guarda-chuva, porque

como bem sabemos, no Brasil temos três estações: calor, frio e chuva

(e, quando chove, muitas vezes é um calor que só!).

E quem disse que os *indémodables* dos anos 2000 ainda são de fato os curingas de hoje, se o jogo vira a cada momento com o *fast fashion* nosso de cada dia?

Esqueça as tais peças-chave que só servem para nos aprisionar e invista no seu *moodboard*, alimentando e atualizando-o sempre. Se quiser sempre optar pelo pretinho básico, fique à vontade. A ideia aqui é se expressar. Ninguém mais está interessado nisso, e eu também não quero passar receitas requentadas.

Na prática: sim, existem peças que, digamos, são eternas. É nelas que você pode investir um pouco mais, pela sua durabilidade, pelo material, pelo caimento etc. Elas vão compor a base do seu guarda-roupa, o que é ótimo, mas se você começar a acumular peças assim, dificilmente vai se aventurar em novas perspectivas. Isso seria como se preocupar somente com a engenharia de seu novo lar e não deixar espaço para a arquitetura, a decoração e aquele vaso de flores que sem dúvida vai mudar a atmosfera da casa e tornar o ambiente sempre fresco e acolhedor. E as flores têm de ser trocadas, sim! Como nossas roupas.

Com o nosso armário acontece a mesma coisa: as coleções-cápsula são as flores frescas que você coloca para dar mais charme e alegria, são os temperos novos que acendem a sua comida; são, por fim, uma excelente maneira de quebrar a rotina e nos colocar pra cima numa manhã mais cinzenta e preguiçosa.

A vinda do *fast fashion* facilitou muito esse processo, porque você pode investir menos no tal armário-cápsula e, assim, energizar seus looks.

E mais, ao atualizar seu *moodboard*, você vai decantar aquilo que a moda tem para oferecer.

Explico: Por que escolher um blazer estruturado se seus ombros são largos demais e se um casaquinho desestruturado vai favorecer muito mais a sua proporção?

O mesmo vale para as peças *trendy*, que podem detonar o seu estilo. Por que usar uma *flatform* com minissaia se sua canela é grossa? Porque escolher uma sandália de pés nus se seu joanete grita e seus calcanhares estão mais que rachados? Volte mais três casas, respire, invista em um bom hidratante, no podologista e em um calçado mais fechado e adequado.

> *A moda* **não** *leva desaforo para casa, creia-me. O seu* **descuido consigo mesma** *vai sempre delatar você.*

Quanto mais tempo dedicar a você e ao seu *moodboard*, menos dinheiro vai gastar com bobagens e mais perto de sua essência vai chegar. Simples assim!

Capítulo 7

Apurando o olhar: leve suas pupilas para passear

Depois de tantas pesquisas, viagens, reflexões e, ainda por cima, disciplina... Vamos começar a passear um pouco, você merece!

Para continuar esse processo de educar o olhar, lembre-se do que escrevi lá atrás, partir do topo para a base da pirâmide, ou seja:

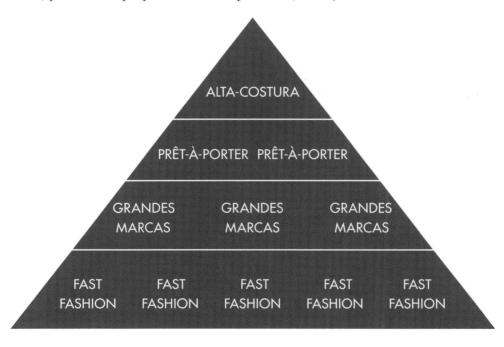

Deixe a vergonha de lado e, apenas à título de exercício, leve sua pupila para passear e não seu bolso para comprar. Passeie por lugares onde normalmente você não compra. Pode ser um shopping com marcas bacanas ou a rua de moda mais importante da sua cidade. Abra a mente sem a preocupação de abrir a bolsa, pelo menos por enquanto.

Você vai ver que existem shoppings *premium* nos quais você pode encontrar desde marcas *high fashion* até as mais populares, então, sem preconceitos, visite o maior número de lojas que conseguir.

Entre nas lojas, pergunte, experimente. Veja como um blazer aparentemente igual pode ter diferentes caimentos de uma marca para outra, observe modelagens e tecidos, tonalidades e acabamentos.

Tudo faz parte do processo para depois criar seu *moodboard*. Ou para refinar seu *moodboard*.

Lembre-se: nosso **objetivo** *é* **aprender** *o raciocínio de moda.*

Agora pode parecer cansativo sair só para olhar e perguntar, sem comprar nada, mas é um investimento para muitos anos que ainda virão, quando você vai conseguir entrar em uma loja e identificar imediatamente aquilo que lhe cai bem.

Nesse momento, pense nas roupas como estrelas: "você não precisa possuí-las, apenas contemple", como escreveu Saint-Exupéry (Acho uma graça as roupas do Pequeno Príncipe! Como é bom poder admitir algumas "fraquezas" *fashion*!).

É com esse olhar que você vai dar o seu "pulo do gato" para lidar com a sensualidade e saber brincar com o jogo do mostra-esconde, tão importante para equilibrar os looks.

Para ser feminina você não precisa mostrar tudo o tempo todo. Você pode sempre ir mostrando um pouco daquilo que a faz se sentir sexy naquele momento ou naquela roupa.

Insinuar é lindo e não banaliza. Apenas valoriza o seu melhor. Que tal descobrir-se, literalmente, muito além da tríade decote-bumbum-coxas?

A mulher brasileira tem um corpo que é sinônimo de sensualidade e sexualidade, mas a moda à brasileira precisa se limitar a isso? Por que ficar presa aos clichês?

> *Claro que não!*
> *Até porque* **ser só bonita exclui muita coisa**, *e muita gente simplesmente não se sente à vontade assim.*

Pense nos seus atributos e, se estiver desprovida dos clássicos, lembre-se que ainda dá para destacar tanta coisa que esbanja sensualidade: pés e mãos, colo, costas, tornozelos, panturrilhas, ombros, braços; tudo isso pode ser supersensual. ❤️❤️❤️

Então por que se escravizar diante dos clichês?

A brasileira pode se mostrar, sim, mas não tudo ao mesmo tempo. Surpreender é sair do óbvio. Observe-se e atente aos sinais da moda (e da vida)!

- **Sinal verde >** passe livre para *mãos bem cuidadas* (com esmalte ou sem; se optar pelo esmalte, cuide muito bem dele e tenha sempre um "step" no porta-luvas do carro ou no nécessaire de maquiagem que leva na bolsa, pois nunca se sabe quando será preciso fazer uma meia-sola), *pés, joelhos e braços e cotovelos hidratados* (coloque um espelhinho no seu cotovelo e prepare-se: você pode se deparar com um ser pré-histórico. Então mais um item pra ter no nécessaire do dia a dia: um creminho hidratante de bolsa), *suor controlado* (claro que todo mundo sua, mas especialmente se você morar em locais muito quentes ou estiver na menopausa, mais um item pra não deixar de ter sempre à mão: um desodorante pequeno para alguma emergência. Cheirar bem é sempre bom)!

- **Sinal amarelo >** atenção para balancear o "decote, sim; pernas, não", "pernas, sim; decote, não", "maquiagem pesada, sim; acessórios, não". Saiba escolher o que destacar, porque destacar tudo ao mesmo tempo é o mesmo que apagar tudo. Se a maquiagem estiver bem-feita e bonita, porque tirar a força dela com excesso de acessórios? Se esse decote é de parar o trânsito, direcione os olhares para ele, em vez de brigar com um shorts ou uma minissaia muito curtos. *Equilibre seus atributos* para não parecer uma loja em plena liquidação, que dá até tontura de tantas plaquinhas chamando atenção.

- **Sinal vermelho >** paredão fashion para os *excessos* como "decotão + microssaia + costas de fora + tudo de fora". Deixe seu corpo livre na praia, lugar perfeito para isso. Calça branca justa demais se você pesar mais de 40 quilos, casinha de abelha se você tiver mais do que 4 anos, transparências e rendas demais no ambiente de trabalho (aquele batom vermelho super *glossy* você pode inclusive guardar em outra nécessaire, ok?): não! Não aos excessos de qualquer espécie. No fundo, quando está exagerando, você *percebe* que exagerou. Você sente.

Você precisa mostrar tudo ao mesmo tempo? Acho que não!

E isso nada tem a ver com idade, biótipo, peso. Lembre-se: não estou falando que uma modelo pode mostrar tudo por ser padrão de beleza. Nem para ela vai funcionar, porque daí nada é destacado, o estilo não aparece, e ela não deixa uma marca!

E, mais do que tudo, tem a ver com adequação, essa palavrinha tão complicada de atingir, como o cume de uma montanha.

Todo processo de **mudança** *requer* **reflexão**, **estudo** *e, muito mais que isso,* **persistência***! Nada de desistir!*

Capítulo 8
*Mudando
(não somente) o visual*

Começo a escrever este capítulo com muita alegria e energia, pensando em como fico feliz em poder inspirar, de alguma forma, uma mudança em você. A tal persona a que me referi anteriormente também se manifesta no visual.

Saber que você está bem-vestida e, da porta pra fora, preparada para enfrentar o mundo que não é tão simples, pode ajudá-la a ser mais feliz e, com isso, fazer os outros mais felizes também.

Gente que **se gosta** *e se* **sente bem faz bem** *ao mundo!*

Porque uma mudança no visual, na maioria das vezes, é o fio condutor de muitas outras mudanças. Isso aconteceu comigo também.

Eu não nasci em uma família com tradição de moda. Apesar de ter uma mãe e uma avó com um dom nato e muito estilo, elas jamais imaginaram que isso pudesse ser a minha profissão.

Em uma família tradicional e na minha época, em que não existiam cursos superiores de moda, as expectativas com relação à realização dos filhos passavam bem distantes dos tantos cabides, das fotos e dos textos que me acompanham há anos.

Não estudei moda nem trabalhei em revistas de moda ou nas confecções onde o mercado têxtil se reinventava para apresentar uma nova coleção a cada seis meses. Foi no varejo de moda, na Forum e depois na tradicional loja Mappin/Mesbla (lembra?), que encontrei meu primeiro *insight*. 👏🏻 👏🏻 E foi lá, trabalhando muito, como pede o varejo, e observando as pessoas, que vi o quanto a moda poderia ser a chave de grandes mudanças internas.

A começar por mim mesma, que, separada aos 26 anos, enfrentando uma depressão e com um filho pequeno, queria desesperadamente me encontrar na vida. Trabalhar com moda, a profissão desacreditada pela maior parte da minha família e dos amigos, foi o meu grande encontro comigo mesma.

Ali, naquela empresa e naquele ano, com a ajuda do grande terapeuta Roberto Noschese, descobri o quanto a moda poderia me automotivar diariamente, e acreditei que poderia usar meu look pessoal também como forma de expressão.

Acordar, **vestir a persona** *Alice que eu queria ser e ir trabalhar foi* **um passo fundamental.** *A verdade é que a moda me salvou de várias formas. E* **entender meu estilo** *me permitiu entender quem eu era e* **quem** *eu* **queria ser.**

Hoje, aos 46 anos, tenho meu estilo pessoal e a minha persona – quem sou, como me vejo e como quero ser vista. Isso não é pouca coisa, e gostaria muito que você se sentisse tão bem na própria pele como eu me sinto.

Quando comecei meu exercício de **pensar ao me vestir**, *pouco a pouco comecei a exercitar* **meu olhar** *e a* **perceber** *que a* **moda** *tinha o* **poder de transformar** *o meu* **humor** *e a minha* **posição** *diante dos fatos, da mesma forma como estou fazendo com você agora e como faço no meu dia a dia,* **com todas as influenciadoras digitais** *com as quais tenho o prazer de trabalhar e conviver.*

Trata-se de um processo contínuo de aprendizagem e, ao contrário do que muitos pensam, nada fútil, mas uma constante evolução que acaba por nos atualizar em termos muito mais amplos e profundos.

Seja sobre uma notícia que acaba de sair, com questões mais complexas, eu insisto no fato de que uma mudança externa está ligada diretamente a algo interno e pessoal.

Podemos, sim, melhorar e crescer todos os dias por meio da moda! Portanto, prepare-se para ouvir agora algo pouco usual nesse tipo de conversa.

Moda requer... *disciplina*!

Sim, a disciplina não permeia só os estudos ou demais exercícios físicos ou práticas mentais e espirituais. A moda também é uma prática, por isso requer disciplina e persistência. Ninguém é obrigada a nascer fazendo um perfeito plié no balé ou um maravilhoso ásana na yoga, ou até mesmo um prato perfeito e equilibrado misturando vários ingredientes. Por que alguém deveria saber se vestir bem, sozinha e sem nenhum tipo de esforço?

> *A* **moda**, *muito além de formas e cores, é o* **exercício** *constante de* **tentar se renovar**, *e isso pode ser uma poderosa* **centelha**, *aquela faísca que faltava para você dar o* **primeiro passo** *e* **mudar** *também.*

Se o mundo mudou, a comunicação mudou e a moda mudou, por que ficar olhando de fora ou esperar que alguém faça isso por você? Pense nisso, em como você pode, aos poucos, fazer essa revolução pessoal e trocar algumas tarjas pretas pelas tantas cores da *saison*.

E que tal fazer isso agora?

Nada pode ser mais importante que o agora.

Levante-se, pegue uma peça do seu armário e dê um novo significado a ela! Pode ser um lenço que sempre morou no seu pescoço e agora vai enfeitar uma bolsa, pode ser um vestido *chemise* que você sempre usou abotoado e agora vai ficar incrível aberto sobre uma calça, preso só por um cinto, pode ser, enfim, aquela peça que estava adormecida esperando a chance de se mostrar diferente.

Ressignificar uma peça pode ser um bom começo para ressignificar algo muito mais profundo!

Capítulo 9
O conforto emocional ao longo do tempo

Como já estamos exaustas de ouvir sobre o conforto físico, prefiro me dedicar mesmo ao emocional, que está intrinsecamente ligado ao bem-estar e, por que não?, ao bem viver.

E aqui não vai ter jeito: vou bater de novo na tecla da adequação e de como é lindo usar o tempo a nosso favor.

Acredito na importância da moda em qualquer idade, é algo que acompanha a mulher durante a vida toda.

Neste momento, penso muito na minha mãe. Uma mulher absolutamente sofisticada e, em hipótese alguma, datada ou com traços do passado. Mas vou deixar para falar mais sobre ela ao final deste capítulo, não apenas por ser minha mãe, mas por ser uma das mulheres mais inspiradoras que conheci.

Para começar, vamos pensar nos cabelos de uma garota de 20 anos e nos de uma mulher madura, de 50/60 anos. São iguais? Não! Então é por aí que vamos caminhar com nosso raciocínio agora.

Nada é igual com o passar dos anos, e isso pode ser visto com horror ou com amor. É claro que vou sempre preferir ver tudo com amor e acredito que seja o melhor caminho para todas nós.

Se aos 20 anos os hormônios estão tinindo e o cabelo está forte e brilhante, é a hora de usá-los mais longos, os shorts são bem-vindos, as saias são mais curtas, e a barriga pode ficar à mostra.

Aos 30/40 anos, o comprimento para cabelos é médio, saias são mais compridas, e *tops cropped* são mais *tops* e menos *cropped*.

Aos 50/60, o cabelo perde volume e muitas vezes afina, por isso cabelos longos não são tão indicados. Deixe esse comprimento para as saias e calças e mantenha os fios mais curtos e saudáveis, tratando-os, periodicamente, com limpeza profunda e nutrição intensa.

O que vou elencar a seguir é apenas uma referência genérica, porque não estou levando em consideração o biótipo ou os quilos da balança.

Resolveu sair dos padrões clássicos de pesos e medidas? Ok também! Não por acaso os acessórios são a parte mais democrática da moda; eles colorem nossos dias, renovam nossos *moodboards* e não olham feio pra ninguém! Viva as bolsas, sapatos, lenços, bijoux e joias que nos deixam reluzentes e *up-to-date* em qualquer situação, com qualquer peso e em qualquer idade.

Voltando a essa questão, ficam aqui algumas dicas, pensamentos e sugestões.

AOS 20
Sopram a favor os *croppeds* de qualquer espécie, calças *skinny*, saias e vestidos mais curtos, saltos altíssimos, *flatforms*, tendências fofas tipo *patches* e pompons, além de maquiagens inusitadas.

> *É a* **hora de experimentar** *para, somente assim, poder* **entender** *e começar a* **identificar seu estilo.**

talentos para tudo, e você pode ter um talento para cozinhar que eu não tenho, ou para cantar, escrever, enfim, uma pessoa pode ter vários talentos que não o de se vestir sozinha, e isso não é demérito algum. Por isso o *moodboard* ajuda tanto. E é nesse momento, quando você descobre o seu melhor e começa a adaptar, que vem a parte boa: aprender a jogar a favor e não contra. Sabe aquela célebre frase "goste de quem gosta de você"? Use isso para vida, para tudo, inclusive para a moda.

É simples: por que se matar para ter uma roupa da marca X, se essa marca não faz roupas para você, não respeita seu biótipo, seu tom de pele, sua irreverência ou sua seriedade no jeito de ser? Por que vou usar calças de uma marca badalada se vão deixar meus quadris ainda maiores? Por que vou usar uma cor da estação se há outras que vão favorecer meu tom de pele? Por que vou usar uma determinada peça que está na moda se vai me deixar ainda mais baixa do que eu já sou? Nunca!

O poder da autoestima é fundamental, por isso valorizo o meu melhor: gosto dos meus olhos, do meu nariz (maior que o normal, o que me dá certa personalidade), do meu colo, das mãos, dos meus seios e gosto muito de não ter barriga. Por outro lado, acho que tenho muito quadril e também não gosto do *shape* gordinho das minhas pernas. Triste? Nem um pouco!

Posso não gostar *do formato das minhas pernas para a moda dos dias atuais, mas minhas pernas, companheiras fiéis, me levam para todo lugar.* **Não quero** *em momento algum* **mudá-las***, estamos falando de moda e só.*

E aí começa o jogo de mostra-esconde e é onde a gente tem que se posicionar de fato.

Não sou refém de marcas que não fazem roupas para mim. Também nunca quis homens ou amigas que não gostam de mim como eu sou. Diferente? Não! Absolutamente idêntico porque autoestima vale para tudo.

> *Quando você encontra marcas que valorizem* **seus pontos fortes**, *assim como pessoas, chefe, amigos e amores que* **valorizem quem você é**, *tudo dá certo!*

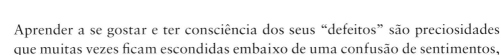

Aprender a se gostar e ter consciência dos seus "defeitos" são preciosidades que muitas vezes ficam escondidas embaixo de uma confusão de sentimentos, que vão da insegurança até uma soberba desnecessária para autoproteção. Isso afasta as pessoas e as coisas boas e verdadeiras que a gente merece viver.

Cuidar da autoestima, fazer uma atividade física são armas que, definitivamente, vão se refletir naquilo que você vai vestir. Isso é jogar a favor e não contra. As roupas? Elas vão apenas acompanhar, serão o grande e profundo reflexo desse seu movimento interior.

Quando chega uma nova estação, observo e escolho muito bem; o que não serve eu descarto. Quando chego a uma festa, escolho muito bem com quem vou estar e, se não me sentir bem lá, vou embora. Quando chego ao trabalho ou atendo a um cliente novo, escolho muito bem com quem vou me relacionar; se aquele trabalho não me valorizar ou não me deixar absolutamente realizada, sou honesta o suficiente para declinar e partir para um novo, onde eu possa, de fato, aplicar o meu conhecimento e buscar resultados efetivos para todos.

E qual é o resultado desse posicionamento? Minha imagem é de uma mulher mais magra do que realmente sou, mais jovem do que está impresso no meu RG, mais bonita do que meu espelho mostra e mais segura do que eu mesma às vezes acho que sou. Tudo porque não tenho preguiça de estudar, de me cuidar. Em todos os aspectos, não apenas no meu guarda-roupa. Jogo sempre a meu favor e recomendo que você faça o mesmo. Por isso, encare o espelho e a vida por todos os ângulos e aproveite o seu melhor para seguir em frente.

Sempre.

Capítulo 11
Fashion victim, *fashionista*
e *peças* statement

Não me culpe por esse título, mas a moda gosta mesmo de termos em inglês. E ainda faz misturas inusitadas – o que particularmente adoro – já que a moda é expert em saber misturar. Imagine esse título traduzido: "vítima da moda, modista e peças-chave". Não ia ter o mesmo charme, então, para entender e ter mais intimidade com a moda é preciso aprofundar um pouquinho mais o inglês, o que é uma ótima ideia se quiser aprimorar isso na sua vida também. Por que não?

Voltando ao tema, saiba que eu também já caí nas muitas armadilhas das tendências e nem por isso me tornei uma vítima da moda. Isso porque, com o tempo (o grande aliado da moda, sempre!), aprendi a adaptar as tendências a meu favor.

A vítima da moda é completamente diferente do fashionista, e é fácil identificar isso. Hoje tudo o que não é real é visivelmente detectável, sem legendas. A vítima da moda apenas copia e cola, o que faz dessa lição de casa uma tremenda fraude. O fashionista observa, segue, pesquisa, traduz e transforma, até sentir que aquela informação funciona de verdade, tanto para o seu corpo como para a sua vida.

Uma pessoa só se torna uma **vítima da moda** *quando* **copia** *exatamente a imagem que viu,* **sem estudá-la** *e* **adequá-la**.

Aí está a grande diferença que faz do fashionista um ser tão inspirador, mesmo usando peças *statement*, como a vítima da moda.

Mas como ter as peças *statement*, ou, o que é pior... ter ou não ter?

Sim, você pode ter e, assim como o fashionista, vai usar as peças *statement* com critério e inteligência. Gosto e indico algumas peças *statement* para atualizar o *closet*. Se a cada estação você conseguir adaptar quatro peças *statement* às suas proporções e ao seu *moodboard*, vai energizar e acabar com a monotonia dos looks. Vai até mesmo renovar as combinações entre roupas que já possui há anos e gastar menos.

Hoje (enquanto escrevo) essas peças podem ser uma *choker*, um maxibrinco, uma camisa com *jabot* (babado), um look total vermelho, uma peça com paetês. Mas use com moderação! Outro grande erro do *fashion victim* é querer usar todas as peças juntas. É isso que escraviza as pessoas e massifica as tendências. A peça *statement* tem de ser usada para *ajudar*. E, se uma cor for inevitável, for a cor da estação pela qual você se apaixonou (mas que, ao provar uma peça com ela, percebeu que deixou você mais sem graça que um chuchu), compre um esmalte para curtir essa fase.

Escolha *com* **parcimônia**
e **alegria** *suas peças* statement,
para não parecer que você,
como já mencionei lá atrás,
veio do túnel do tempo!

Capítulo 12
O poder do tecido certo

Quantas vezes você já ouviu falar a respeito do tal "tecido bom" e ficou na mesma? E quantas vezes já se perguntou: bom por que e para quem? Essa é a grande questão, porque até mesmo um tecido bom pode se transformar no seu pior inimigo, dependendo da peça em que for usado e se ele cai bem em você. Se ele for bom apenas para a roupa, não vale! 😏

Portanto, vamos deixar uma coisa clara:
o **tecido** *só é* **realmente** *bom*
se for **bom para você***,*
para a roupa e para a ocasião,
e **não somente** *para os fabricantes,*
as revistas e as lojas.

Vamos logo aos fatos para que você sinta a delícia que é o toque de um tecido bom (de fato), que "derrete" em suas mãos, ou um tecido mais pesado, que passa seriedade e segura um look mais austero.

O primeiro passo é dividir em três grandes grupos para falarmos sobre as fibras, depois listar os mais importantes quanto ao caimento e, por fim, onde usar. Preparada?

As **fibras naturais** *provêm da natureza, portanto, estamos falando de* **algodão e linho**, *de origem vegetal e da* **lã e seda**, *de origem animal.*

São tecidos que eu particularmente amo, mas, como a grande parte das coisas que a gente ama, precisam de cuidados especiais. Eles não absorvem o calor (pense naquelas travessias no deserto, as pessoas só aguentam porque estão usando fibras naturais), por isso permitem que a pele respire sem reter o suor e funcionam como isolantes térmicos.

As fibras naturais não acham a menor graça em máquina de lavar, porque podem simplesmente... encolher!

Para manter suas roupas em seda, linho ou lã sempre novas, o ideal é lavar a seco. Outra particularidade das peças confeccionadas em fibras naturais é que duram mais e são mais caras, tal qual os alimentos e cosméticos orgânicos e outras delícias da natureza. *That's life!*

Ah! E amassam... ah, como amassam! Mas eu sou suspeita porque adoro uma boa calça de linho "vivenciada". É assim que se usava no Brasil nos anos 1930 e ainda hoje se usa muito na Europa. Isso tem certa poesia e me remete ao tão falado *heritage* ou legado, herança; até porque o linho anda cada vez mais escasso.

A ideia é não ser radical e compor com equilíbrio seu guarda-roupa também com as fibras sintéticas e artificiais, como essas de que vamos falar agora, superpráticas e perfeitas, principalmente quando o assunto é uma sempre apertada mala de viagem.

Das *fibras sintéticas* – com as quais já deixo claro, não tenho nada contra e uso mesmo –, a primeira de que se tem notícia é a poliamida, ou *nylon*, criada em 1935.

Honestamente, não morro de amores por ela em específico; em compensação, adoro a origem do nome e não vou passar mais um dia sem dividir isso com você.

São duas as versões, nenhuma delas comprovada, mas a que gosto de contar é que a primeira fábrica tinha sede em Nova York e Londres, então reuniram as duas para dar o nome genérico à poliamida (Ny+Lon). Ah, que ótimo isso! 👏

Voltando às fibras sintéticas, são aquelas produzidas a partir de produtos químicos, da indústria petroquímica, como o poliéster, a poliamida, o acrílico e o elastano. São mais duráveis e fáceis de cuidar, porém são menos sofisticadas que as fibras naturais.

Pode notar que muitas das suas blusas "de lã" são de acrílico, por isso é comum ver brasileiras na Europa com 300 blusas e batendo os dentes ao lado de uma francesa chiquérrima com seu cashmere levinho passeando alegremente.

O acrílico nunca vai manter você tão aquecida e confortável como a lã e ainda pode fazer bolinhas com o tempo, mas ok, pois aqui no Brasil, onde muito dificilmente temos temperaturas negativas, o acrílico superfunciona, e você pode, sim, ter um monte delas para se aquecer e colorir seu armário nos dias mais cinzentos.

Ok, agora vamos ao ponto "ame-o ou deixe-o" dos tecidos: o poliéster, que se popularizou na década de 1950 com o famoso Tergal.

Eu não quero nem saber, não gosto. Tudo bem que não amassa, que é prático, você joga na máquina de lavar e pendura direitinho, nem precisa passar, tem preço acessível e tem até toque de pêssego.

Não gosto e pronto. Mas fique à vontade para usar, principalmente se nunca, mas nunca mesmo, derramar uma única gotinha de suor. Porque se suar... Ah, não vai ter modelo nem melhor amiga que aguente. E não existe uma roupa maravilhosa que resista a uma pessoa malcheirosa.

Entendeu por que não sou adepta do poliéster?

Prefiro pensar no terceiro grupo, as minhas prediletas hoje em dia: o das fibras artificiais como a viscose, o modal (fibra de bambu), o cupro e o liocel. Todas são provenientes da celulose e têm um toque delicioso.

> *Quando a gente começa a se* **interessar** *um pouquinho por* **fibras e tecidos***, acaba a enganação.*

Quem já não ouviu alguma vendedora desavisada falar "sedinha", "cetim" e mais um monte de "nominhos" assim?

Isso sem falar na lycrinha, que nem tecido é (Lycra® é uma marca registrada, e a fibra é elastano, só para constar). Nada contra as vendedoras, pelo contrário, uma boa vendedora nos ajuda e muito! Mas elas são as primeiras que têm que olhar a roupa pelo avesso se quiserem fazer um bom atendimento. Explicar corretamente o que estamos comprando e serem leais e fiéis aos clientes. Sempre.

Modo de lavar deveria ser um capítulo à parte, ou até outro livro, porque na verdade pouca gente leva isso a sério, e uma peça lavada da forma errada perde totalmente o caimento e por consequência, a durabilidade.

Já a roupa lavada corretamente dura anos, por isso invista um tempo nisso e verifique sempre o modo de lavagem que vem na etiqueta. Na dúvida, consulte a tabela abaixo com as traduções ou pesquise na internet.

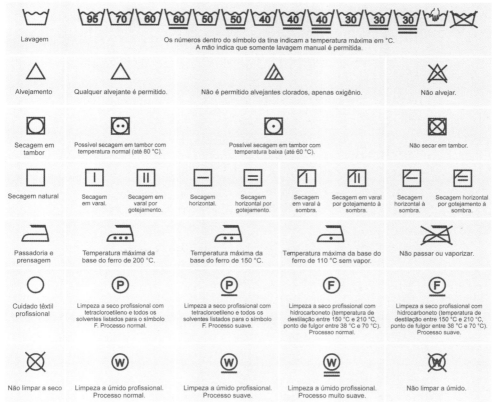

Fonte: TexPrima Tecidos

Ao olhar a etiqueta interna você vai ver também as composições. Muito comum ver percentuais de algodão/elastano, linho/viscose/elastano, poliamida/elastano e, é claro, o modo de lavar.

E para eu não ficar antipática com relação às fibras sintéticas, vou contar por que elas são tão indicadas para a prática de atividade física!

Porque o algodão tem alto nível de absorção de água (cerca de 11%), por isso a roupa demora pra evaporar, fica pesada e com a sensação de umidade. Para quem corre longas distâncias, isso se torna um peso absolutamente desnecessário, daí o uso de fibras sintéticas, como a poliamida, que retém 4%, e o poliéster, que retém cerca de 0,5%.

Hoje, com os avanços da tecnologia têxtil, é possível encontrar roupas esportivas confeccionadas com fibras sintéticas e tratamento hidrófilo, para a pele respirar, ou até mesmo tecidos com ação bacteriostática, para evitar bactérias que causam o mau cheiro, ou seja, o melhor dos mundos!

Saindo um pouco das fibras para entrar de fato nos tecidos, vamos dividi-los agora em malhas e planos.

Para entender as malhas é muito simples: são tecidas em um único sentido (de forma plana ou circular, mas sempre com agulhas), podendo ter um ou mais fios, por isso têm elasticidade, um caimento mais molinho e, às vezes colado ao corpo, além de serem macias. Outra forma de explicar a malha é: na malha ocorre um entrelaçamento do fio consigo mesmo em laçadas.

Já os tecidos planos têm trama e urdume; os fios são entrelaçados em ângulos retos, por isso são mais encorpados e não têm elasticidade. O urdume fica paralelo à ourela, o que lhe confere menos elasticidade. A roupa cortada no sentido do urdume é dita "cortada no fio", o que dá à peça um aspecto menos volumoso.

A trama fica perpendicular à ourela e tem mais elasticidade. E vale falar também do viés, que é o sentido diagonal em relação à ourela, sendo mais elástico que a trama. Uma peça cortada no sentido do viés tem o caimento mais suave. Isso evita que você fique parecendo um abajur ao usar uma saia de tecido plano, por exemplo.

Algo me diz que você deve estar exausta com este capítulo tão técnico, mas, creia-me, essas informações podem ser muito úteis! E você poderá voltar a este livro e, para ser específica, a este capítulo, toda vez que ler uma etiqueta e precisar de ajuda.

Uma curiosidade: Israel é expert em tecnologia têxtil (pense os tecidos das camisetas Dry Fit ou em lingeries absolutamente tecnológicas, entre outros feitos); recentemente li em uma revista de moda nacional que uma estudante local surpreendeu ao criar uma coleção utilizando apenas borracha ultraflexível e uma impressora 3D. Uau! Em paralelo, estilistas consagrados têm se unido a engenheiros para criar roupas que reagem a diferentes estímulos, que podem ser a temperatura do nosso corpo, a adrenalina ou o estresse.

Tudo isso é conversa de maluco, futurologia? Não, isso é a moda, aquele assuntinho nada fútil do qual falei no início desta nossa conversa...

Mas vamos voltar aos tecidos para saber o poder que eles têm!

A-GO-RA! 👏👏👏

> *Muitas vezes me perguntam:*
> *Existem* **tecidos** *que* **engordam**
> *e outros que* **emagrecem**?
> *Depende!*

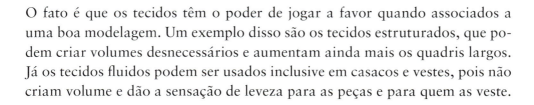

O fato é que os tecidos têm o poder de jogar a favor quando associados a uma boa modelagem. Um exemplo disso são os tecidos estruturados, que podem criar volumes desnecessários e aumentam ainda mais os quadris largos. Já os tecidos fluidos podem ser usados inclusive em casacos e vestes, pois não criam volume e dão a sensação de leveza para as peças e para quem as veste.

Por isso, para falar sobre o tema, preciso falar sobre o caimento, ou seja, o comportamento do tecido; se é mais maleável, rígido, espesso ou transparente e com que tipo de peça ele pode funcionar melhor, de acordo, também, com o seu corpo. Sim, nosso corpo sempre deve ser o primeiro a avaliar o tecido, porque é no corpo que ele tem de imprimir o seu poder. O tecido ficou bom para nós? Então ele é ótimo!

O caimento de um tecido não vai depender só do peso. A trama, de que falei no capítulo anterior, também determina a fluidez com que ele cai. Outro fator determinante é o acabamento que ele pode receber depois de ser tramado – tecidos encerados ou engomados, por exemplo, certamente ficam bem mais rígidos e, por consequência, menos fluidos.

Nem sempre tecidos leves são fluidos; nem todos os tecidos pesados são rígidos. Complicou? Calma que tem mais!

Já que minha expertise em tecidos é menor do que eu gostaria que fosse, tomei como base alguns dados da divisão de tecidos feita por Gilda Chataignier[7], em seu livro *Fio a fio: tecidos, moda e linguagem*, de 2006, no qual você poderá se aprofundar mais se quiser. De acordo com a publicação, temos: tecidos finos e leves; tecidos finos e médios; tecidos médios e tecidos pesados.

TECIDOS FINOS E LEVES
São suaves, a maioria com certa transparência.

Pense em: musseline, crepe georgette, *chiffon*, gaze, organza, cambraia de linho, cambraia de algodão, tricoline fina, seda pura, lamê, devoré, tule *illusion*, que podem ser usados em blusas, camisas e vestidos.

TECIDOS FINOS E MÉDIOS
São delicados, de gramatura leve, mas não necessariamente transparentes. Em geral têm um efeito que "emagrece"; a fluidez e o caimento de camisas e calças ajudam muito a criar uma figura mais delgada.

Pense em: sedas mistas ou sintéticas, cetim, viscose, linho, tricoline, microfibras, *chamois*, crepe chanel, crepe de lã, lã fria, entre outros, que funcionam muito bem em saias, calças, peça de alfaiataria, blazers, camisas e blusas.

---

[7] Chataignier, Gilda. *Fio a fio: tecidos, moda e linguagem*. Estação das Letras: Rio de Janeiro, 2006.

TECIDOS MÉDIOS
São tecidos com gramatura mais pesada e estrutura mais armada.

Pense em: piquê, crepes de peso médio, sarja leve, veludo de peso médio, jeans de 5 *oz*, tafetá, linho com trama mais fechada, *shantung*, entre outros, facilmente vistos em *tailleurs*, calças, jaquetas, saias, camisas, capas ou vestidos estruturados.

TECIDOS PESADOS
Têm gramatura ainda mais pesada, estrutura bem mais armada e pedem um bom salto para alongar a figura.

Pense em: lã com trama fechada, *tweed*, brim, jeans, gabardine, lona, cetim *duchese*, crepe romano, veludo de seda, tafetá encorpado e brocados, que são as bases perfeitas para *tailleurs*, ternos, blazers, calças, casacos pesados, mantôs, saias, pelerines, jaquetas, e vestidos com volumes dramáticos.

Para reconhecer quais são os tecidos mais indicados para cada roupa, ocasião e, principalmente, para você, é preciso, além de tudo isso, levar em consideração o espaço que existe entre o tecido e o corpo. Esse espaço, tão importante quanto a peça em si, atende pelo nome de conforto. Observe, experimente e respeite as sensações do toque de cada tecido.

E quando o **conforto físico** *encontrar o* **conforto emocional**, *você estará diante dos* **tecidos corretos**, *tanto para o seu* **corpo** *como para suas* **roupas** *e sua* **alma**.

Capítulo 13

O que as cores, seu espelho e seu armário revelam sobre você

É claro que existem pessoas com o dom divino de saber, de maneira intuitiva, coordenar cores. Elas combinam – ou descombinam – com uma harmonia inacreditável, não só as cores, mas também comidas, os estilos na decoração, os vinhos; ou mesmo os convidados mais improváveis em festas. São aquelas misturas absolutamente formidáveis que enchem de alegria a existência de qualquer mortal.

Como aqui não estamos falando de exceções nem sobre dons, mas sobre a realidade que é tentar de uma vez por todas sair do ostracismo fashion, quero convidar você a observar a ciência que existe nas cores.

Uma das teorias que vou citar aqui é linda: ela ensina que determinadas combinações de cores criam efeitos específicos. Isso – quero deixar claro – não foi inventado por mim, mas pelo pintor suíço Johannes Itten, que desenvolveu a teoria segundo a qual as cores de roupas de uma pessoa podem valorizar suas características pessoais e, da mesma forma, acentuar imperfeições, olheiras e até – pasme – rugas! Partindo de suas descobertas, outros métodos foram surgindo ao longo dos anos, e eu vou ressaltar aqui algumas dicas bem fáceis de seguir.

Evidentemente existem estudos personalizados, feitos por profissionais da área e que têm um olhar bem mais aprofundado sobre cada indivíduo, mas vamos ter em mente que meu objetivo é mostrar um ponto de partida para as suas pequenas transformações diárias, portanto, não tenho a pretensão de ditar regras nem fornecer uma caixinha fechada com soluções cromáticas.

Observação e experimentação
são um caminho contínuo. Não tenha preguiça e veja como **as cores podem ajudar** *também!*

Algumas cores trazem conforto para os olhos e para a alma, enquanto outras chegam a irritar e nos fazem sentir uma repulsa incontrolável. Isso porque cores são também são frequências de vibração, daí influenciar não somente o visual, mas também nosso estado emocional e o mental. Já imaginou se você se prepara tanto para "aquele" encontro, seja amoroso ou profissional, seja para visitar um recém-nascido ou uma amiga deprimida, e erra na cor?

Às vezes chego a pensar que, quanto menores os bebês, mais sensíveis são às cores. Nunca li estudos sobre isso, posso estar absolutamente errada, mas observo e não me privo de pensamentos que me levam a um de meus principais mantras: bom senso.

Pense comigo: a pessoa chega toda arrumada para visitar a amiga que acaba de dar à luz, mas seu perfume e sua cartela de cores são tão exagerados que, por mais que tente ser gentil, o bebê começa a chorar desmedidamente. Se ele pudesse falar, sem dúvida já estaria dizendo: "Menos, por favor!". Por isso, fazer escolhas mais brandas na cartela da maternidade e respeitar o sossego dos bebês preferindo vestir cores mais suaves é sempre uma boa ideia.

Existem muitas dicas para diferentes tons de pele, mas sempre, eu disse *sempre*, observe a ocasião. Lembre-se também de que existem tonalidades dentro de um tom (são os subtons, mais quentes ou mais frios), além de outros elementos que podem alterar completamente seu conjunto cromático como, por exemplo, a cor dos seus olhos. Aqui temos alguns pontos de partida para você adaptar e se aprofundar de acordo com seus elementos específicos – porque já deu para entender que eu sou contra regras fechadas! 😉

PELE CLARA

Costuma vir acompanhada de sardas e chances descomunais de irritação, cuide muito bem dela! Os tons podem variar entre mais rosado ou amarelo, mas, ainda assim, é clara o suficiente para evitar roupas muito esmaecidas que podem deixar a aparência apagada, sem luz. As peles claras ganham em vibração com looks em tons mais escuros, como azuis, verdes fechados, vermelhos, vinhos, ameixa, ou preto, e ficam divinamente sofisticadas com caramelo, camelo, fendi. Quando optar pelos tons claros, capriche no batom ou em acessórios para trazer mais vitalidade ao conjunto.

PELE PÊSSEGO

Sim, pode ter inveja porque é absolutamente legítimo! Quem não quer ter essa pele sutil, com bochechinhas mais rosadas, que a indústria cosmética e as técnicas de maquiagem tentam imitar? As donas dessa maravilha são minoria no Brasil, mas existem e podem abusar dos mais diversos tons, inclusive os de cinza (não tão simples em outras tonalidades de pele). As cores das frutas de bosque também costumam trazer mistério e sedução a essas peles. Pense em tons de cereja escuro, framboesa e amora, absolutamente encantadores.

PELE MORENA CLARA

Esse tipo de pele é bem comum aqui no Brasil e permite uma gama maior de cores de maquiagem e roupas, tanto no inverno como no verão, quando fica mais bronzeada. Por isso, sem restrições, todas as cores estão a seu favor!

PELE MORENA OU BRONZEADA

Se você toma os devidos cuidados e ainda assim tem uma pele bronzeada, abuse das cores assim como as morenas claras, evitando apenas os tons muito próximos ao seu tom de pele, para não mimetizar e perder a expressão. A ideia é apostar na diversidade de cores em seu *moodboard*, ora mais intensas, ora mais esmaecidas. Isso sem falar nos eternos branco ou no *off white*, símbolos de elegância a toda prova.

PELE MORENA ESCURA E NEGRA

As peles mais escuras abrem espaço para uma gama ainda maior de cores. Pense nas mais luminosas como o amarelo e o laranja, em todas as suas nuances. Os tons pastel, ou *candy colors*, também são sempre bem-vindos, além das lavagens de jeans mais claras e, é claro, total *white* e *off white*.

> *Mas e o* **preto**? *Quem pode usá-la e quando?* *O preto é uma cor* **misteriosa**, **eleita por 9 entre 10** *fashionistas, independentemente de cor de pele, cabelo, biótipo ou estação.*

Curinga anos após ano, o preto é uma ótima opção para ocasiões mais formais, para o *red carpet*, para compor uma mala de viagem superprática, para o dia a dia; mas nunca, em hipótese alguma, para altar em casamentos, batizados e quaisquer cerimônias pela manhã, exceto funerais. O preto é bom para qualquer tom de pele, pois é um sinônimo de elegância, mas vive sendo bombardeado na internet. Você já deve ter visto desde posts infames como "Se preto emagrece, só coma roupas pretas" até pesquisas que indicam o preto como o escudo das mulheres poderosas (ou nem tanto!), decididas e firmes.

Quero levantar aqui um questionamento sobrea rigidez que essa cor imprime.

Embora eu adore o preto, pense em uma mulher vestindo uma saia lápis e um tricô de gola alta, tudo absolutamente preto, com meias idem e um sapato de salto alto. Dificilmente alguém vai arriscar uma cantada barata ou convidá-la para almoçar naquele restaurante de gosto duvidoso da primeira esquina. Sim, a dama de preto impõe respeito, e isso, no ambiente de trabalho, pode ser um escudo interessante. No entanto, como tudo na vida, é preciso ter cuidado com excessos. Uma mulher que se veste sempre de preto provavelmente acaba afastando as pessoas e as possíveis aventuras e surpresas que podem vir junto com elas.

Por outro lado, é hora de **ressaltar** *também uma das minhas maiores paixões:* **o branco!**

Uma vez, ao subir a escada rolante de um shopping, um senhor de andar apressado me abordou, perguntando se eu era médica. Eu estava vestindo um look *total white* – tendência, claro! – mas a confusão me levou a uma reflexão. São Paulo, onde vivo – o branco total ou mesmo parcial é muito menos usado do que nas cidades do Nordeste do nosso país. E por que usamos tão pouco essa cor tão fabulosa e versátil?

Isso faz parte das regionalidades que sempre observo na maneira de se vestir no Brasil.

Enquanto o Sudeste desenvolveu seu lado prático, o Nordeste trouxe o branco para a roupa como uma ligação a sua história espiritual.

E aí temos que relembrar do que escrevi lá no comecinho desse livro, quando citei nossos traços culturais, tão genuínos.

Foi no calor do Nordeste que nossa história teve início e adquiriu seus primeiros contornos, sendo polinizada por tantas culturas diferentes.

E foi especificamente em Salvador que surgiu o uso do branco, representando a paz, a pureza e a limpeza, com total respeito às tradições afro-brasileiras e ao sincretismo religioso.

> O **branco** *é também a* **cor da luz**, *uma vez que reflete todas as outras cores. Daí estar tão relacionada – pelo menos aqui no Ocidente – à* **alegria**, *virtude, libertação, iluminação espiritual e ao amor a Deus.*

Alguma dúvida de que esta cor pode e deve ser usada por todas nós, independente do biótipo ou tonalidade de pele?

Outro ponto a observar é seu estado de espírito. Sim! Aqui vale ressaltar essa importante variável, pois se estiver num momento mais nebuloso da vida, usar o branco ajuda a restabelecer o equilíbrio interior. Deixe o branco entrar na sua vida, como um arco-íris refletindo a luz depois da chuva.

Voltando às cores que não se encaixam em nós tão facilmente como o preto e o branco, um lenço, uma bolsa, um sapato, ou até uma lingerie colorida podem energizar seus looks e torná-los mais pessoais, trazendo um toque único e intransferível que será só seu.

Uma **dica curiosa** *para saber se a* **cor** *da sua roupa está* **favorecendo** *ou não o seu tom de pele é* **fechar os olhos** *por alguns segundos diante do espelho e depois abri-los.*

Observe o que vem primeiro: você, a cor de sua roupa ou o conjunto aparece simultaneamente, de forma harmoniosa? Esse é o tipo de prática que dá vontade de aplicar em tudo na vida, não é?

Quem vem primeiro diante de tudo o que está à sua volta?

Sim, esta é mais uma reflexão necessária porque estamos no olho do furacão do consumo de moda.

Muita informação, uma variedade de produtos como nunca vista, muita gente falando o que você deve ou não usar. Como você já deve ter compreendido, as coisas não são bem assim. Mesmo.

Se antes você comprava uma revista e ela trazia informações, regras e endereços de onde encontrar os produtos, agora você tem também milhões de blogs e redes sociais onde se informar, enfim, tudo o que veio com a tecnologia tem também seu lado B; nesse caso, um excesso de opinião às vezes sem conteúdo de qualidade.

A tecnologia tornou a informação acessível a todos, o que é ótimo, mas o filtro cabe a você e mais ninguém. Mulheres comuns tornaram-se referência; elas têm o poder de influenciar milhões ao redor do globo, mas se você começar a seguir todos os sites e blogs com suas dicas preciosas, vai entrar num *looping* de insatisfação, e não é essa a ideia. Identifique quais são as mulheres que de fato podem trazer algo de relevante e não somente mostrem um *lifestyle* fora de sua realidade.

Tenha no seu *feed* mulheres que inspiram por semelhança e também as que trazem aspectos aspiracionais, claro, mas que realmente tenham algo de você nelas. Confuso?

Explico: para que mesmo se inspirar na mulher que é uma modelo de quadril 80, olhos claros e vinte anos se o seu quadril está mais perto dos 100, seus olhos são negros e a idade passou da casa dos 35?

Claro que usamos as mídias sociais para mais do que inspiração de moda. Modelos e atrizes são bem-vindas, mas se inspirar em algo irreal pode acumular insatisfação e pressões desnecessárias consigo mesma.

Por isso, pesquise pessoas e lojas que estão ao seu alcance antes de sair comprando; quem fala a sua língua e trabalha por mulheres como você. O consumo excessivo, seja de informação, seja de produtos, não vai levar a lugar algum. Observe e descubra as pessoas e marcas com as quais você de fato tem empatia, aquelas que mais se parecem com você e com seu estilo de vida.

Uma mulher que mora no Sul do país certamente fará escolhas diferentes de uma que vive o calor intenso do Nordeste. Observe as regionalidades e faça suas escolhas antes de criar seu *moodboard*. Inspire-se em mulheres que vão favorecer suas escolhas e seu dia a dia, e não no oposto! E o principal: elimine tudo aquilo que não tem nada a ver com você.

Isso mesmo, de-sa-pe-gue!

Sei que estou falando algo que pode parecer complexo, mas, se você chegou até aqui, é porque está com vontade de mudar. Para mudar é preciso coragem de se desfazer de alguns conceitos e, por consequência, de algumas roupas também! E não estou falando de uma loucura qualquer, mas de criar espaços para o novo (no armário, na cabeça e no coração).

Fazendo esse exercício você ainda estará fazendo o bem a outras pessoas que certamente vão se beneficiar com tudo aquilo que você doar.

Doe, troque, recicle; isso é, além de tudo, moderno! Difícil? Sim, mas necessário.

Por que não começar pela deliciosa técnica de Marie Kondo[8], essa japonesa maravilhosa que nos ensina a arte de organizar nossos armários, nossa casa e, por fim, a nossa vida? Recomendo a leitura de seu livro, porque a técnica é fácil e areja a nossa alma. Além do mais... nada pode ser mais *old style* do que acumular.

No seu método KonMari, ela nos ensina que as coisas têm uma função e um tempo em nossa vida, e que só devemos manter aquelas que nos dão alegria. Não é fantástico?

Isso vale para suas futuras compras também. Gostou? Gostou muito? Cabe no bolso? Vai trazer alegria? Está de acordo com seu *moodboard*? Somente depois de responder sim a essas quatro perguntas é que vale a pena comprar algum item. Do contrário você poderá estar comprando por impulso e, pior, tentando ser alguém que não é, se enganando com aquisições desnecessárias e acumulando frustrações.

Portanto, muito diferente de acariciar o ego, esse longo encontro com o espelho serve basicamente para (re)lembrar quem você é, qual é seu estilo de vida, por onde você circula, quais são seus valores reais, no que acredita, como você pode valorizar suas proporções, seu tom de pele, o que quer contar sobre si mesma, quais são suas histórias e seus propósitos. Lembre-se de que a moda está aí para nos servir e não o inverso.

Dedique um tempo para esse encontro com você, seu espelho e seu armário. Isso certamente vai trazer novos *insights* que vão deixá-la no topo da lista das mulheres mais bem-vestidas e não há loja alguma que tenha essas respostas à venda.

Agora, depois de limpar o que está obstruindo seu armário (e a sua vida), está preparada para reciclar também o seu *moodboard*?

---

8   Kondo, Marie. *A mágica da arrumação*. Editora Sextante: Rio de Janeiro, 2015.

Capítulo 14
Fast fashion *não é* fast-food!

Esse é outro tema que leva a enormes discussões. Como eu adoro uma, lá vamos nós!

Em vez de levantar a bandeira que leva a cadeia têxtil e os consumidores a uma louca e desenfreada corrida, ou discorrer sobre o que é politicamente correto, quero registrar que, no meu entender, essa mudança, que a princípio assustou todo o mercado, foi uma mudança maravilhosa, porque de fato democratizou a moda.

O *fast fashion* foi a última grande revolução da moda, que aconteceu no final do século XX e mudou definitivamente a nossa forma de enxergar o consumo de roupas e acessórios. Se hoje podemos comprar o que está de fato na moda e por um preço acessível, devemos isso ao *fast fashion*. Foi a partir desse momento que tivemos a possibilidade de consumir moda com mais frequência e diversidade de opções, em várias classes sociais.

Hoje, mesmo a pessoa habituada a consumir a alta moda, também pode – *e deve* – brincar com o *fast fashion* e criar composições absolutamente pessoais com essas misturas, inovando os looks com o tão moderno *high low*.

Já as pessoas que não seguem a moda tão de perto podem ter a certeza de que, se uma tendência está em uma loja *fast fashion*, ela está na moda, e está, de fato, acontecendo. Pode confiar! E por quê?

Porque nas marcas *fast fashion* trabalham caçadores de tendências. Eles ouvem mais os compradores e oferecem respostas muito rápidas para tudo aquilo que o consumidor deseja. Toda essa velocidade está diretamente ligada à disseminação da informação e ao advento da internet, que também mudou por completo a nossa forma de ver e compreender a moda.

> *A internet democratizou* **a informação de moda**, *assim como* o fast fashion *democratizou* o **consumo de moda**.

Isso tudo tem a ver com o que vivo e acredito. É o meu universo e é o universo do consumidor cada vez mais conectado, informado e empoderado. Além disso, o *fast fashion* nos permite experimentar, mudar, testar algo novo. E olha que delícia...

Explico: uma pessoa que tem o desejo de usar determinada tendência, mas ainda não está muito segura, pode perfeitamente adquirir uma peça em uma *fast fashion*, em vez de investir mais em uma roupa cara que pode usar menos. E não há nenhum problema nisso!

É a forma perfeita para se aventurar em uma temporada, com produtos cheios de estilo e cada vez mais qualidade.

Outro ponto é a indulgência fashion: poder ver a moda como uma forma de entretenimento. Consumir roupas foi, por muito tempo, sinônimo de gastar com supérfluos, mas hoje pode ser muito inteligente!

Para um emprego novo, um compromisso inesperado, uma viagem de trabalho, ou qualquer ocasião em que não seja indicado investir muito, o *fast fashion* é perfeito.

Depois, com mais tempo e/ou dinheiro, sabendo mais sobre o caimento da peça ou modelagem, é possível investir mais e misturar tudo em um guarda-roupa funcional e moderno. E é com esse olhar que devemos também evitar os excessos. Como o *fast fashion* dispõe de muitas opções, o grande risco é se perder e se tornar uma vítima da moda, usando tudo ao mesmo tempo e agora.

Antes de se animar tanto, veja exatamente do que você precisa ou deseja, deixe seus olhos passearem pelas araras, nem que seja só tirar a mesmice de um dia de chuva, seja ela da janela para fora, seja do mau humor pra dentro.

E o exercício de comprar no *fast fashion*, pode ser absolutamente *slow*, se, em vez de se encher de cabides, você passar os olhos e as mãos no que despertar prazer. Porque só suas mãos vão dizer se o tecido é gostoso, e só o seu corpo vai saber se aquilo vai vestir bem. Comprar somente com os olhos não completa essa experiência, por isso até para comprar em uma *fast fashion* é preciso ter o olhar *slow*.

Dessa forma dificilmente você vai sair da loja carregada de sacolas e ainda pode encontrar ótimas formas de trazer frescor aos seus looks sem se endividar.

> *Faça da sua* **visita** *ao fast fashion uma legítima* **experiência** *slow. Compre com atenção, afinal você não está num* fast-food. *O bom do* fast fashion *é que* **não** *precisa ser* **tão** *fast, mas será sempre e* **absolutamente** *fashion.*

Capítulo 15
Vintage

Gostaria de arrematar o tema "túnel do tempo" com um parecer muito pessoal, portanto, sinta-se à vontade para não concordar comigo. Vamos ao conceito: o *vintage*, essa palavrinha cheia de estilo que tem origem anglo-francesa. O termo *vintage* também é utilizado para designar uma colheita de uvas de um só ano e de uma só vinha, que, posteriormente, vai produzir vinhos de excelente qualidade.

Pense em um intenso e frutado vinho do Porto 1940 e você não precisará de mais explicações. A sua capacidade de envelhecimento e seu preço já vão dizer por si só que estamos diante de um autêntico exemplar *vintage*.

Na moda, especificamente, o termo é empregado quando uma peça tem pelo menos 20 anos de idade, portanto, estamos falando de algo clássico ou antigo, mas sempre de qualidade e que tenha pertencido, originariamente, a outra época. Essas roupas podem ser usadas, herdadas, ou mesmo recriadas a partir de tecidos antigos ou desgastados pelo tempo. Tudo isso é *vintage*, seja um vestido de poás anos 1950, uma *t-shirt* anos 1980 ou mesmo uma joia *art déco* dos anos 1920 e 1930. O *vintage* hoje é moderno, cool e, ainda, sustentável. 😍

Pesquisar e comprar roupas usadas também imprime certa ética e confere ao look uma dose extra de individualidade e mistério, portanto, quase impossível de ser copiado. Por isso, todo fashionista que se preze tem uma peça *vintage*!

No entanto, essa herança valiosa que o movimento *punk* nos deixou (sim, o *vintage* na moda ganhou força a partir dele), precisa ser vista com parcimônia, e a palavra-chave aqui é discernimento. Eu não usaria uma peça *vintage* de uma época que eu tenha vivido.

Então, se você viveu a década de 1990, por exemplo, não recomendaria que se vestisse dessa forma. No meu caso especificamente, vivi muito a década de 1980, por isso tudo o que remete a esse *mood* eu observo com uma lupa ainda mais especial, para que não fique datado em mim. Já a década de 1920 me permite brincar com algumas proporções e movimentos de tecido que podem trazer muita graça quando misturado com uma peça atual. Isso é uma dica preciosa para não parecer realmente que você saiu de um livro, de uma festa à fantasia ou acaba de chegar pelo túnel do tempo.

É preciso uma dose extra de discernimento para usar peças de época, mas algumas dicas podem ajudar:

1. Não se vestir inteira de uma década só, a menos que você queira parecer um personagem.

2. Tomar cuidado para não usar sempre e somente o *vintage*, porque de alguma maneira você também ficará marcada e datada. Fica antigo.

3. O mais bacana do *vintage* é poder misturar de vez em quando, um casaqueto de *tweed* com o jeans do momento ou quebrar um vestido clássico com uma meia arrastão, desde que seu olho e seu espírito estejam maduros o suficiente para segurar toda a informação de moda que você pretende transmitir.

Usar **roupas usadas**, *portanto*, **não é mais motivo de vergonha**, *mas sim um* upgrade *para quem tem um* **repertório** *de moda* **apurado** *para* **saber misturar**; *seja com* **ousadia**, *com* **ironia** *ou até mesmo para criar uma* **nova aura** *aos básicos do dia a dia.*

Quer se aventurar? Então se entregue sem pressa a um passeio pela Portobello Road em Londres, ou os *Navigli* de Milão no último domingo de cada mês, o mercado de pulgas de Saint-Ouen em Paris, San Telmo em Buenos Aires, ou algum lugar em sua cidade que exerça uma incrível magia sobre você, como um brechó local ou a feira da praça Benedito Calixto em São Paulo. Dá para passar horas inteiras e se perder em meio a tanta arte, cultura e história. Ou se encontrar!

Capítulo 16
*Praia e maquiagem:
não dá para ser feliz sem!*

O Brasil é o símbolo da moda praia no mundo, e algumas características nossas ficaram muito marcadas internacionalmente. Somos símbolos da cor, do corpo lindo, das estampas. Como se a moda brasileira fosse só isso, quando não é. No caso da moda praia, caminhar na direção da estampa e da cor é maravilhoso!

Nossa moda praia é uma referência mundial; colorida, ousada, estampada e já é parte do inconsciente coletivo. É quase impossível pensar em uma mulher tipicamente brasileira com um corpo deslumbrante e bronzeado vestindo um maiô preto e comportado. Não que isso não exista ou seja errado, mas é uma exceção.

Uma mulher com um corpo perfeito e um biquíni pequeno e colorido já é um símbolo nacional, mas isso não quer dizer que a gente precise ficar refém desse tipo de estereótipo e somente dentro dessa categoria.

Estão aí as calças, os caftans e as gloriosas saídas de praia para você usar e abusar das estampas, dos símbolos do Brasil, mas em momento algum é preciso se esconder embaixo delas, independente do seu biótipo.

Nós, brasileiras, também temos celulites, dobrinhas e gordurinhas, e podemos igualmente fugir dos estereótipos com relação a isso e preservar a nossa identidade. Como? Usando modelagens que favoreçam nosso corpo e nossas proporções, porque a praia é de todos e, na minha opinião, o biquíni também!

Falar que uma pessoa **não pode usar** *um biquíni por causa do* **corpo** *é, no mínimo,* **ultrapassado***.*

Quanto mais você cuidar da sua saúde e do seu corpo, quanto mais você estiver bem cuidada, mais harmônico o seu biquíni vai ficar.

Vivemos em um país tropical, e mesmo a pessoa que não está com o corpo "em forma" pode querer se bronzear. Não há problema algum nisso. Muito pelo contrário! Acho de uma crueldade sem precedentes aprisionar o corpo dentro de um maiô, seja pela idade, seja pelo peso, seja pela opinião alheia ou padrões preestabelecidos. Em um país que tem a cultura do corpo como o Brasil, corremos um risco tremendo de achar que uma pessoa mais velha, ou mesmo com peso fora do "padrão", possa ter um corpo feio. Não podemos, em hipótese alguma, deixar que esse tipo de pensamento determine o que nosso corpo deve vestir (ou despir) justamente no local mais democrático do planeta: a praia!

É evidente que um maiô sempre será elegante, mas somente se isso for uma escolha e não uma imposição. Um biquíni passeando à beira-mar é libertador! Não devemos ter vergonha do nosso corpo. Vivemos em um país tropical, e a praia é o local para viver o corpo muito mais do que viver a moda. Sem limitações, restrições ou regras, mas com alegria, descontração e liberdade.

Na França e em alguns países da Europa, a cultura do *topless* não está restrita às mais jovens, e as mulheres o fazem em qualquer idade, sem o menor problema. Portanto, se existe um lugar para usar biquíni, minissaia, decotes, shortinhos e, por fim, estarmos livres e com nossos corpos à mostra, esse lugar é a praia.

Temos 7.367 km de praias, isso sem contar as reentrâncias e saliências do nosso litoral, que alcançam os 9.200 km.

Quer ficar de **barriga de fora**, *peito de fora, bumbum de fora? Pisou na areia,* **você pode***!*

A praia é um território absolutamente livre para a moda, ainda mais se considerarmos que estamos tratando de comportamento. Olhando por esse viés, a moda praia ainda deixa uma marca que faz parte dos nossos registros mais autênticos de felicidade. É essa marquinha de biquíni que nos envaidece diante do espelho, que encanta nossos pares, prolonga nossas férias e aumenta a nossa sensação de prazer e sedução. Por isso, para aproveitar ao máximo, a moda praia também deve ser confortável. Uma pessoa não pode passar o dia na praia dentro de um biquíni ou maiô desconfortável, que puxa e repuxa, que aperta, deixa com calor. Praia é diversão, entretenimento, alegria! 😊😍

Da mesma forma, você não deve ir à Disney com roupas de moda, lá você está vivenciando outras emoções em primeiro plano. Eu diria até que a praia é a Disney brasileira! Dá pra imaginar alguém andando horas pela Disney se equilibrando em looks de moda? Não! Então tire esses pensamentos da gaveta dos biquínis, use um bom filtro solar e seja feliz!

Se quiser se inspirar, esses são os meus prediletos:

- Biquínis médios.
- Partes de cima com efeito *push up* e sem bojo, para aproximar os seios e criar um volume sem excesso.

- Tops cortininhas, que, no Brasil, são apropriados para todas as mulheres.
- Partes de baixo de amarrar, para não apertar desnecessariamente os quadris.
- Maiôs inteiros ao cair da tarde, de preferência com decote V na frente, frente única e cobrindo mais o bumbum.
- Caftans e camisas leves como saídas de praia.

Para os biquínis, assim como para *lingeries*, vale a regra (sim, é uma regra) de experimentar sempre e o máximo possível. Quanto menos tecido, mais chances de dar errado, por isso invista um tempinho extra e prove seu biquíni ou maiô; você vai fazer descobertas inimagináveis com a peça no corpo. Caso não consiga viver sem uma calcinha de biquíni asa-delta, use; ela alonga as pernas. Se tiver pouco peito, abuse dos tomara que caia, que são tão sofisticadas!

E como regra máxima: se está na praia, capriche no filtro solar, tome água e aproveite cada minuto com as peças que sentir ainda mais especial! 👙

No entanto, **na praia**, *não use maquiagem, apenas um* **protetor labial**, *de preferência nude, e um bom* **filtro solar**, *que pode ser tonalizado.*

Se o rímel for inevitável, que seja à prova d'água. Ninguém merece virar um guaxinim *fashion* no meio do mar.

E o filtro tonalizado pode mesmo ser uma ótima solução, ainda mais se você, assim como eu, tem melasma. Tem coisa mais chata do que você estar feliz da vida na praia e alguém chegar fazendo um comentário desagradável sobre a sua pele? Para não passar por isso, passei a usar filtros que deixam a pele mais uniforme, até debaixo d'água.

Saindo da areia, nós brasileiras adoramos uma maquiagem! Ducha rápida e lá estamos nós, ávidas pelos lançamentos!

Se compararmos o uso da maquiagem ao longo do tempo ao laudo de um eletrocardiograma, certamente estaremos vivendo a era do infarto.

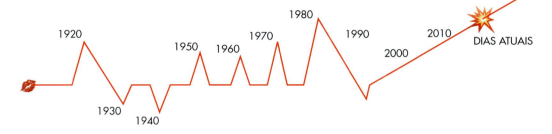

Nunca houve uma oferta tão grande de produtos. São tantas as opções que às vezes nem sabemos por onde começar. Por isso, de novo, a internet e as criadoras de conteúdo/blogueiras que mais se parecem com você e com seu estilo de vida podem ser grandes aliadas, no sentido de oferecer uma curadoria para você entender para que servem e também como usar tantos produtos.

Eu mesma já cheguei a ficar tão encantada com um *primer* para os cílios que comprei um sem saber por quê. Só depois descobri que ele protege os cílios. Como estou numa fase de proteger tudo aquilo que me deixa feliz, comprei logo outro.

Estamos vivendo o auge das opções, sejam de cores, marcas, preços, sejam de canais de venda. São inúmeros os tipos de base, outros tantos de máscaras, iluminadores, contornos, bronzeadores, tudo para atingir o máximo da perfeição.

Com a maquiagem correta, a pele fica perfeita, os cílios ficam perfeitos, a boca fica perfeita! Os recursos que os produtos oferecem, e os tutoriais superdetalhados na internet são tantos que é possível fazer uma maquiagem quase teatral sem sair do banheiro. É a beleza cada vez mais ao alcance de todos, com maquiagens que têm o poder de transformar, proteger e melhorar cada área do rosto.

Isso tudo é **maravilhoso**, *mas, se não for* **bem dosado**, *pode atrapalhar a moda e a maneira como você se veste.* *Então* **é preciso equilibrar.**

Uma noiva pode ter uma maquiagem mais suave para o dia e mais intensa para a noite, mas ainda assim não deverá ser tão intensa como se ela fosse a convidada da festa.

Voltando para a moda, vale relembrar as regrinhas de equilíbrio. Se o vestido é muito curto, o batom não precisa ser tão vermelho e os olhos não precisam ser tão marcados. Porque é como já foi dito nos capítulos anteriores: quem destaca tudo no final não destaca nada (e fica com dores de cabeça).

O batom vermelho é outro ponto de atenção. Ele fica divino nas brasileiras, mas também é preciso saber onde usar ou, ainda melhor, onde não usar. No ambiente de trabalho, por exemplo, prefira os tons mais neutros, que darão um acabamento elegante sem deixar nenhuma brecha de sensualidade no ar. A maquiagem no trabalho compõe uma imagem bem cuidada e sempre imprime sofisticação, mas nunca deve encobrir o profissionalismo e a competência de quem está por baixo dela. Esses devem ser os primeiros a chamar atenção. E isso vale igualmente para os perfumes no trabalho, que vão compor uma excelente moldura para a maquiagem se não forem carregados demais, doces demais, marcantes demais.

Deixe esses aspectos da sua personalidade para outros ambientes e evite ser mal interpretada (vale para os homens também, afinal, quem nunca precisou dividir um elevador com um sujeito que tomou banho de perfume?).

Saindo da maquiagem para entrar um pouco mais no campo da beleza e dos cuidados de higiene, não há a menor possibilidade de viver no Brasil e não estar absolutamente em dia com a pele e os cabelos.

Vivemos em um país tropical e sempre com a pele e os pés muito à mostra. Então vamos cuidar bem dessas áreas? Aqui vale também citar os ombros e as costas, que podem estar evidenciados quando optamos por fechar um decote na frente e abrir atrás. Cremes, *splashs* de banho, óleos; tudo está à disposição a preços superacessíveis, então não há desculpas para negligenciar um ponto sequer do corpo. Desodorante? Sempre! Fragrâncias em geral devem ser leves e, se o perfume for marcante, o desodorante ideal será o sem perfume, para não criar a guerra dos aromas.

Perfume na praia? Nunca! Primeiro porque pode manchar a pele sob o sol e, depois, perfume de praia é o da praia!

Deixo aqui uma sugestão: quanto mais quente for a sua cidade, mais leve deve ser o seu perfume, porque fragrâncias muito intensas no calor tendem a dar dores de cabeça e enjoos em quem está por perto e isso, definitivamente, não é nada elegante!

Falando em ser elegante, não esqueço um francês que conheci e me disse que somos o povo mais cheiroso do mundo. Ele confidenciou que não há nada mais envolvente para um nariz francês que pegar o ônibus para o trabalho e sentir o cheiro fresco e extremamente característico de banho que só as brasileiras têm.

Isso é a prova viva de que, **sem excessos,** *nossa* **exuberância natural** *pode atingir os mais altos níveis de* **sofisticação e sedução.**

Capítulo 17
Dá para se vestir bem no verão?

Essa é uma das perguntas que mais ouço e, como minha resposta é sempre um alegre *sim!*, vou começar a derrubar alguns mitos, até porque em muitas regiões do Brasil o verão é perene. E trataremos do inverno mais à frente!

Algumas coisas precisam ser ditas sobre o verão no Brasil: não estamos sempre de férias (mesmo), então, sejamos realistas: o fantástico chapéu panamá não vai funcionar no nosso dia a dia.

Da mesma forma, não ficamos o dia inteiro em ambientes refrigerados, então vamos deixar de lado também os sapatos fechados, as roupas justas e, principalmente, aquelas que são forradas. Pra que usar uma camada de tecido a mais?

Forros, mesmo que não sejam de poliéster, são sempre mais um tecido sobre a pele, o que pode transformar sua linda peça em uma verdadeira sauna quando as temperaturas sobem.

É um erro pensar que roupas de qualidade têm de ter forro, quando, na realidade, elas podem ter outros detalhes preciosos e bem mais modernos.

Se mesmo no verão os *blazers* forem fundamentais no seu *moodboard*, prefira usar tecidos como o algodão, sempre sem forro, mas com acabamentos debruados em viés de algodão, que ainda deixam as peças com muito mais bossa. *Blazers* em linho também são ótimas escolhas e absolutamente perfeitos para o Brasil.

Modelagens devem ser mais arejadas e fluidas, pois contribuem para te manter bem-vestida no verão, pois tudo o que é muito justo aprisiona, inclusive o suor. Prefira pantalonas, calças *cropped*, *pantacourts*, vestidos *midi* ou mesmo caftans longos, que conferem leveza, conforto e elegância na medida certa! *Tops cropped* e camisas amplas também são ótimas pedidas.

E os pés? Tem coisa mais gostosa que pés de fora? Esqueça os calçados de modelos fechados e deixe seus bem cuidados pés passearem livres e absolutamente sexy em sandálias altas ou baixas, ou em *mules* confortáveis e cheios de charme.

> *Os* **acessórios** *também devem* **jogar a favor:** *o verão é a* **melhor época** *para usar os mais lindos óculos de sol, as joias em prata (são minhas prediletas nessa época do ano) ou pérolas, que* **enchem de leveza** *o nosso visual.*

Nos cabelos, tiaras e fivelas podem arejar o rosto e, ainda, tirar aquela sensação de calor do pescoço, deixando tudo mais jovem. São esses truques de *styling* que fazem as brasileiras serem vistas, no mundo todo, como verdadeiras experts em se vestir no verão!

As marcas nacionais são as grandes referências, pois sabem muito bem como usar os tecidos de forma ajustada ao nosso clima e conhecem as melhores modelagens para os nossos biótipos. Linho, algodão, fibras naturais, camisetas de cores claras e estampas cheias de personalidade podem trazer ainda mais estilo justamente nessa época do ano. E assim como a ilha de Capri dos anos 1960 já foi uma referência para o verão, a bola da vez agora somos nós! O Brasil é desejo absoluto no imaginário dos estrangeiros, então por que não se encher de orgulho nacional e se vestir bem à brasileira? 😉

Essa é mais uma razão para se esquecer de vez de tentar se parecer com as europeias quando é no nosso verão que podemos brilhar ainda mais e arrematar, é claro, todos os looks com um ótimo filtro solar.

Mas e quando cruzamos o Equador? O que podemos aprender com elas?

Essa pergunta sempre me fez pensar na famosa citação de Christopher Bailey. Inteligente e sempre à frente do seu tempo, o diretor criativo da Burberry é um dos maiores ícones do mundo da moda dos dias atuais e alguém que gosto de mencionar sempre que posso.

Sabiamente, ele disse ao *New York Times* "É sempre verão em algum lugar do mundo", então, se é sempre verão, é sempre inverno também!

Da mesma forma que eu disse que a **moda brasileira** *é expert em criar para o* **verão,** *os* **europeus** *são os melhores para criar para o* **inverno.**

Esse vaivém de conceitos que estou levantando aqui serve apenas pra dizer algo muito simples: tenha um bom casaco para não parecer uma cebola em sua próxima viagem ao hemisfério norte.

Nada pode ser mais desconfortável (e deselegante também) do que uma mulher que mal consegue se mexer de tanto colocar roupas e mais roupas para se proteger, até porque esse volume todo de peças e tecidos sem adequação para o inverno sobre o corpo não será suficiente para aplacar o frio.

Basta fazer um teste rápido: pegue todas as suas blusas "de lã" e leia as etiquetas internas. A maioria delas, principalmente se você comprou aqui no Brasil, não é de lã, mas sim de acrílico ou outras fibras que não são naturais e, portanto, só têm o aspecto de lã sem cumprir sua principal função, que é proteger o corpo das condições climáticas como um isolante térmico.

Isso super funciona aqui no Brasil, onde temos invernos leves, mas nos países onde o inverno é uma realidade séria, é preciso manter protegidas a sua saúde e, por que não?, a sua imagem e o seu humor. Passar uma viagem tremendo e queimando a língua com um chocolate quente a cada esquina não é das coisas mais agradáveis, passar frio pode tirar a sua atenção daquilo que importa e ainda sugar sua energia entre o chocolate quente e o expediente de tira-e-põe as blusas toda vez que entrar e sair de algum lugar. É deselegante e mais do que isso: é desconfortável e enlouquecedor.

Minha dica, portanto, é investir num bom casaco na sua próxima viagem internacional. Pode ser um elegante *manteaux* de lã ou *cashmere* na cor camelo se você for mais clássica, pode ser um modelo com redingote ou godê se você for mais romântica, ou até um eterno e poderoso casaco vermelho, na modelagem que decidir (mas que seja quente!) porque sempre vai funcionar e imprimir personalidade ao look.

Um bom casaco vermelho aquece e transforma qualquer produção, e é um dos meus prediletos, por sinal!

O casaco que você escolher pode e deve sim ter o forro que dispensamos no capítulo anterior e todo o *know-how* que as marcas internacionais adquiriram ao longo de tantos invernos. Com um bom casaco, você poderá usar peças mais leves embaixo, como tricôs mais sequinhos e sexy em *cashmere* ou merino, *foulards* em seda para proteger o pescoço, botas para aquecer os pés e até um bom jeans se quiser dar um ar displicente e *high low*.

Por fim, aposte nas excelentes matérias-primas – tecnológicas ou não – para compor seus looks de inverno com mais propriedade e aproprie-se sem medo do *je ne sais quoi* de que falamos lá no comecinho do livro, lembra?

> **Ser porosa** *significa exatamente isto:* **estar aberta ao novo**, *adaptar para você o melhor de cada situação, e isso traz* **aprimoramento e segurança** *para protagonizar a sua melhor cena.*

Ao vestir o casaco correto, você também vai poder chegar nos ambientes fechados e tirar displicentemente uma única peça, sem estresse, e ainda estar linda por baixo dele.

Diferente daquela cebola redonda e cheia de camadas, você vai se despir elegantemente, pendurar seu casaco naqueles cabideiros presentes nas casas, nos restaurantes e nos bares quentinhos e cheios de charme que estão te esperando numa viagem durante os invernos acima do Equador. Adaptar-se é inteligente.

Capítulo 18
O *mercado de luxo,* as love brands *e você*

Pouco falamos até agora sobre o mercado de luxo e a boa notícia que eu tenho para dar a você é que, *sim*, as marcas de luxo estão de olho em você!

Posso imaginar seus olhos agora: um misto de desejo e talvez tristeza ao ler este capítulo, já que o bom gosto nem sempre está diretamente relacionado a uma verba poderosa para bancá-lo. E nem sempre temos verba para nos vestir. 😔

Como já disse Carlos Ferreirinha, amigo e expert em mercado de luxo, "o paladar não retrocede", e isso chega a soar cruel quando você começa a pesquisar, educar o olhar, caprichar nos *moodboards*, lapidar peças por aí e, ao se encher de coragem para ver os preços das coisas que chamaram atenção, se depara com valores que chegam aos quatro dígitos ou mais. Em dólar. E agora? 😐

Calma! Seu desejo é legítimo. Afinal, temos *love brands* como Burberry e Tiffany – só para citar algumas – que mantêm um cuidado extremo ao longo de décadas para fazer bonito em todos os seus pontos de contato. Seja nas lojas, no site, nos desfiles, nos produtos, nos catálogos, no atendimento, na sua imagem como um todo. É tudo meticulosamente planejado para nos agradar e nos seduzir. E isso inclui aromas, músicas, filmes (como não lembrar de Audrey Hepburn em *Bonequinha de luxo* olhando para a vitrine da Tiffany?)

e as sensações mais sublimes ao tocar um tecido tão macio ou ser tratada como uma rainha, independentemente de você gastar cem, mil ou 10 mil dólares em uma loja, por exemplo.

Essas marcas reúnem com maestria legado, tecnologia e humanização, o serviço perfeito a um preço salgado. É tanto cuidado que parece até amor! 🧡

> *Porque só com* **muito amor** *você consegue* **manter** *aceso* **o desejo** *por mais de 160 anos, no caso da Burberry, e 180 anos, no caso da Tifanny.*

Só com muito trabalho uma marca consegue dialogar com uma menina de 15 anos e uma senhora de 80. E só com muita estratégia e por respeito ao seu consumidor, que uma marca consegue emplacar produtos *high-end* em camadas distintas da sociedade de consumo.

O mundo mudou, se globalizou e a economia se transformou. Por isso, até as marcas de luxo estão revendo suas estratégias globais para manter seus antigos clientes e atrair os novos. E é nessa hora que você vai poder respirar aliviada para prosseguir com a leitura! Atualmente, nosso dia a dia permite incluir algumas "pílulas de luxo", citando de novo Carlos Ferreirinha, para aplacar um desejo mais ousado e as marcas estão sabendo direitinho como nos seduzir. São esmaltes, chaveiros, carteiras, canetas, joias em prata e mais uma série de produtos "porta de entrada" que permitem uma aproximação do novo consumidor.

Sim, até as marcas de luxo estão se tornando cada vez mais inclusivas, assim como a internet! 👏🏼👏🏼

Evidentemente que os itens não são baratos, mas são duráveis e de alta qualidade.

São tão amados por nós que mudamos nosso humor quando podemos tê-los em casa, e a boa noticia, a qualidade está presente mesmo nas pequenas pílulas e poderemos usá-los sempre! Uma peça eterna tem o poder de trazer um pouco mais de alegria aos dias mais difíceis, onde uma pílula de luxo pode ser muito mais eficaz que uma comprada na farmácia. Por que não?

Capítulo 19

*Escolher o que vestir é a
primeira grande decisão do dia*

Chegamos aqui com bastante informação e com mais consistência para refletir sobre quem somos e como podemos nos aprimorar por meio da moda. Nesse momento, em que alguns caminhos começam a se abrir, é importante se observar mais, até mesmo para entender que, se esses caminhos se mostraram para você, é porque podem fazê-la mais feliz e confiante.

Pare, **encontre-se com você** *mesma
e* **conecte-se** *com tudo aquilo
de que você mais gosta, com* **o que faz
bem a você,** *um bairro, cidade
ou país em especial.*

Quando você acessa um local que diz muito sobre você, vem a sensação de pertencimento. A roupa tem muito a ver com isso.

Para ilustrar o pensamento, uma pessoa que lida e trabalha com arte tem uma maneira de se vestir que é única e tem a ver com tudo o que está à sua volta, com o que a deixa confortável e verdadeira. Ela vai frequentar bairros, galerias, restaurantes e conviver com linguagens que vão complementar a sua essência.

Por consequência, isso vai influenciar a sua forma de se mostrar e se vestir. No meu caso, existem dois lugares que me fazem sentir verdadeiramente bem: Londres e Estocolmo. E por que isso? Porque lá, em especial em Estocolmo, sinto que a acessibilidade é uma realidade, e isso me encanta. A possibilidade de que tudo é para todos, que o compartilhar não é apenas um verbo usado em uma aula sobre mídias sociais, mas é uma realidade no cotidiano de toda uma sociedade me alegra de verdade.

> O **seu lugar**, *aquele que vai tocar de fato a* **sua essência**, *pode ser aqui ou no exterior, mas deve refletir o que há de mais* **genuíno** *nos* **seus desejos**.

Isso é tão profundo que até as maiores modelos do mundo – e aqui cabe citar as brasileiras Shirley Mallmann, Gisele Bündchen e Carol Trentini –, mesmo tendo acessado o que há de mais consistente no mundo da moda, encontram sua verdadeira essência ao voltar pra casa, ao acessar a natureza, estar com a família e o que realmente as completa. Elas são despojadas, básicas e muito mais simples que os personagens que representam. Essas sábias mulheres, têm toda minha admiração e meu respeito, porque sabem fazer caminhar, de mãos dadas, a personagem e a persona. Quando nos voltamos para a nossa essência, encontramos os acessórios que não estão à venda, que não servem em nenhum outro corpo, por isso são capazes de nos fazer sentir únicas.

Em São Paulo, com frequência observo mulheres com a mesma informação e bagagem de moda e que têm interpretações completamente diferentes quando moram na Vila Madalena, nos Jardins, na Zona Norte, ou na Zona Sul. Isso é mágico e torna o vestir-se algo de fato pessoal.

Ampliando esse raciocínio para a gaúcha, para a baiana, para a amazonense ou qualquer mulher brasileira,

acredito ser necessário **depurar** *o* **olhar de dentro** *para* **absorver** *o* **olhar de fora** *e, assim, entender que determinada tendência pode não ter absolutamente* **nada a ver com você,** *com o seu jeito de ser.*

É nesse momento, quando você descarta uma tendência e absorve outra, que estabelece realmente a conexão que importa, e que começa a operar como a curadora do seu próprio estilo.

Para que investir em num salto altíssimo se o caminho que a leva ao bem-estar e ao bem viver é cheio de ladeiras?

Por que hoje usamos tanto o tênis, até nas produções mais fashionistas? Pelo simples fato de que o comportamento vem antes da tendência, e não o contrário.

Se hoje a mulher precisa de mais mobilidade nos grandes centros urbanos, é natural que precise andar mais rápido e que precise de lindos tênis para compor seus looks.

É a partir dos estudos de comportamento que nascem as tendências que vão eclodir no resto do mundo. Isso tem muito mais a ver com o behaviorismo[9] do que com a moda, portanto, estou falando sobre algo que nasceu em 1913, e não na última temporada! Agora parece bem mais simples, não?

A moda tem tantos vieses que permite adaptar cada escolha àquilo que faz sentido no nosso dia a dia. Trazendo para nosso cotidiano, quando você se observa o seu *moodboard* e o que está ao seu redor, com apenas poucos itens você será capaz de atualizar seus looks e imprimir mais leveza para sua imagem.

Quem não quer se sentir mais leve? Quem não deseja passar uma imagem mais confiante? Quem não quer ser mais admirada, desejada e, por que não dizer, amada?

A moda tem esse poder, até porque admiração, desejo e amor têm de partir de nós mesmas, diante do espelho. Quando você conhece os seus caminhos com perfeição, vai se "construindo" até conseguir dizer: estou linda! Quando todas as manhãs você sai de casa sentindo como se fosse o primeiro dia de aula (com aquele tênis que você passou as férias todas pedindo à sua mãe, e ela finalmente lhe deu). Muito mais que uma sensação, é a certeza e a segurança de estar bem consigo mesma e diante das melhores possibilidades.

---

9 Behaviorismo ou comportamentalismo é uma linha da psicologia que estuda o comportamento, sendo ele o fator mais importante para analisar a mente humana. Autores como Pavlov, Watson e B. F Skinner deram grandes contribuições para o desenvolvimento dessa abordagem da psicologia. Fonte: SOUZA, Felipe. "O que é psicologia comportamental – Behaviorismo", disponível em: www.psicologiamsn.com/2011/05/psicologia-comportamental-behaviorismo.html. Acesso em 24 jan. 2017.

Então é melhor que você esteja **vestida à altura** *das suas expectativas e de* **tudo** *aquilo* **que quer mudar** *em sua vida.*

Uma mudança de visual muitas vezes é a porta de entrada para mudar algo mais precioso e profundo. Essa porta de entrada, que é a moda, pode trazer muitas outras mudanças, como se sua vida estivesse apenas aguardando uma reação sua para poder se mostrar mais intensa e gratificante.

Enxergue-se, **aceite-se***, cuide-se sem precisar sentir o sapato apertado que é tentar caber em um padrão.* **Honre** *seu peso, seu tom de pele, seus ancestrais, sua casa, sua cidade, sua profissão, faça de tudo isso uma* **arma de estilo***, e* **não** *algo que você precise* **mascarar** *e esconder.*

Ter de se transformar em personagens para estar na moda não leva a lugar algum, e ainda pode fazê-la gastar dinheiro com itens fúteis, que nunca serão usados. Leva ao exaurimento, à frustração, não é natural, e pior: não dura por muito tempo, porque ninguém consegue ficar mentindo o tempo todo. Em determinado ponto, a verdade vem à tona.

Uma fashionista é uma fashionista porque é real e não porque quer se parecer com uma. Não é uma máscara, é a sua realidade. Quando isso não é legítimo, nada, absolutamente *nada* mesmo que ela vista vai se mostrar verdadeiro. Pode ser a marca mais cara e *cool* do mundo: se não for real, se não conectar com a essência de quem está usando para que ela se sinta confortável e natural, fica evidente que é tudo artificial. A roupa e a pessoa! 😏

Por isso, a sua consciência corporal, somada a toda a informação com que está tendo contato, certamente vai encurtar o caminho entre a segurança e a felicidade que você busca. Você sempre estará fazendo o jogo mental das combinações, de tirar e colocar algo no *moodboard* para experimentar ou para deletar. Isso vai ajudá-la a ser sentir confortável na sua pele, do jeito como você é.

E a melhor dica que posso te dar é: cada vez que você se sentir aprisionada ou pressionada para estar na moda, é hora de voltar três casas, respirar, pensar e se perguntar a quem você está tentado agradar. Ou enganar.

A moda para mim não é uma prisão. É uma liberdade. A moda a que me refiro nesse livro – que, repito, não é um manual de estilo – é a moda que liberta e faz você ser sempre *mais* você e nunca *menos*.

> *É a moda que tem de* **se adaptar**
> **a você***, não você a ela! Então pare.*
> *Olhe para o espelho de* **dentro**
> *para* **se entender***.*

Sinta quem você é e só depois volte a consumir, pois o consumo não pode estar desconectado de quem você é. O consumo desconectado da essência é o que leva à insatisfação, à culpa e a um círculo vicioso de compras desnecessárias que podem inclusive gerar dependências patológicas.

Consumir, sim, mas com consciência, respeito e amor. Por você e por tudo aquilo em que você acredita e o que representa.

Quando estiver conectada tanto com as tendências quanto com a sua essência, sem dúvida você terá todas as condições para tomar a primeira grande decisão do dia: escolher o que vestir. 😍

Capítulo 20
O primeiro passo

Se você se privou, por um dia que seja, da sua felicidade, saiba que esse amor-próprio é o primeiro passo que você precisa dar na direção dela.

No meu caso, esse passo veio por meio da moda. Ainda me lembro bem de quando eu tinha 15 anos e já escolhia todos os itens do meu guarda-roupa. Lia todas as revistas de moda, adorava lê-las e me imaginar nelas. Comprava com minha mãe e sempre preferi poucas peças, das quais eu realmente gostasse e que estivessem na moda a muitas peças mais baratas (lembre-se de que estamos falando de uma época em que não existia o *fast fashion*, portanto, peças baratas nem sempre vinham acompanhadas da qualidade que vemos hoje).

Em determinado momento, me vi privada da moda que me fazia tão bem! Fui me perdendo, ficando distante de algo de que sempre gostei tanto, até acreditar em uma verdade que não era a minha e questionar se tudo de que eu mais gostava era fútil.

Estava cheia de dúvidas, minha cabeça ficava repleta de "serás". Será que o que escolhi para trabalhar é de fato inconsistente? Por que a moda, que sempre foi tão importante na minha vida, agora tinha se tornado fútil e boba? Pelo simples fato de que eu estava prestando mais atenção e valorizando muito mais o outro do que a mim mesma. Eu tinha me abandonado. Estava deprimida, sem forças, separada, com um filho pequeno e um apartamento minúsculo.

Resgatar a moda *foi, para mim,* *um* **remédio.** *Era hora de* **recomeçar.** *Mas como?*

Frágil? Com medo? Sentindo-me uma coitadinha? Deitada na cama? Quem iria se interessar por mim, se nem eu mesma estava achando a menor graça naquela pessoa? Amar e ser amada então? Ah, piada!

Foi nesse momento que meu terapeuta Roberto Noschese – a pessoa a quem serei eternamente grata – me fez compreender que meu amor pela vida e pela moda poderia ser a chave para recomeçar. A moda que me fazia sonhar, um conto de fadas feito de peças que me transformavam em quem eu realmente queria ser. Quem era a pessoa forte, que poderia me puxar pela mão e me tirar, definitivamente, daquele lugar sombrio, sem luz, que poderia me sugar para sempre?

Voltei à minha infância e adolescência, e comecei a caminhar devagar pelas minhas lembranças: minhas sandálias coloridas anos 1980, as indefectíveis botas brancas que eu tanto amava – e só de lembrar agora começo a rir, porque eu achava mesmo que aquelas botas brancas eram o máximo! (A ironia *fashion* é que elas voltaram à cena). Afinal, elas faziam com que *eu me sentisse o máximo*, e essa era exatamente a sua função. Ajudar-me a recordar que, *sim, eu era o máximo* quando calçava aquelas botas! Acredite: se você precisa de uma coisa, por menor que seja, para se sentir uma pessoa melhor e ter mais coragem para enfrentar o dia, invista nisso. No meu caso, o poder da moda se mostrou algo que viria a me ajudar a construir minha autoestima e recuperar meu espírito guerreiro.

Das botas brancas vieram tantas outras peças a permear minha vida; peças que hoje são chamadas de *statement*, mas que, na realidade, são verdadeiras estrelas.

Foi um esforço longo e permanente, porque ainda hoje preciso de minhas estrelas. Elas me movem, me trazem luz, me animam, me divertem, me deixam brava, me preenchem. Evidentemente que a estrela maior é meu filho Gabriel, seguido por uma verdadeira constelação que são minha mãe, meu marido, minha família e, é claro, minha empresa – F*hits - que não por acaso é representada por uma linda e brilhante... ⭐

Foi por meio da moda que consegui conectar pessoas à tecnologia com um mesmo propósito: reunir, integrar e fortalecer mulheres ao redor do Brasil e do mundo, mulheres comuns como eu, longe de serem perfeitas, mas que podem ter na moda sua melhor amiga todas as manhãs.

Esse é um exercício constante. Não é simples acessar e conviver todos os dias com essa pessoa que sabe quem é, o que quer, como se vestir, se respeita e se sente segura na própria pele! E não é a roupa que vai trazer essa segurança, mas a roupa reflete essa segurança até o ponto em que a lagarta finalmente se transforma em borboleta!

Desejo que, após ler esse livro, você compreenda que moda não é fútil, mas pode ser a chave para o seu empoderamento e a sua independência.

> *Nosso corpo nu é* **tão frágil**, *sensível,* **exposto**, *assim como é frágil a nossa própria* **existência.**

Imagine um tigre sem listras, um pavão sem sua plumagem colorida e o leão, rei da selva, sem sua juba! Não à toa sou do signo de Leão! Quero ser um leão todos os dias, e não matar um leão por dia. Essa é a diferença.

No mundo em que vivemos, essa casquinha chamada roupa pode mudar a forma como encaramos o mundo e como o mundo nos vê. Essa casquinha pode ajudar – e muito – a sermos mais fortes e a nos definir na sociedade, a comunicar quem somos e o que pretendemos. Levantar todos os dias, escolher a melhor roupa, me arrumar e criar esse personagem, essa persona pública, me faz ser mais forte. E eu não acho isso fácil. Mas faço. E faço feliz. Se eu não tivesse o personagem – que me ajudou a ser mais forte – não sei se conseguiria empoderar a persona. Eu preciso do personagem para trazer força à persona.

Quando você acorda, precisa tomar banho, cuidar do seu cabelo, se preparar para todos os desafios que virão a partir do momento que sair de casa. É nesse momento de escolher quem você vai ser naquele dia e o quanto quer construir que você precisa tirar de cena aquela pessoa nua, frágil, insegura, com medos. Essa pessoa que às vezes nem você mesma quer ver. Por que os outros deveriam querer?

Só Deus. Então se você tem fé, qualquer fé, creia que essa pessoa frágil estará sempre amparada por Ele, mas que Ele quer que você se levante e abrace tudo o que a vida tem para oferecer.

A verdade – e preciso dividir isso com você – é que ninguém quer, pelo menos nesse plano, estar ao lado de quem não se gosta, não se respeita, não tem amor-próprio. Nem mesmo eu quero estar diante desse meu lado. Todas nós temos um lado inseguro, mas quem, além de Deus e da sua mãe, sente amor por isso?

Essa personagem Alice Ferraz, que põe a calça, que escolhe a camisa, que decide o batom, é ela quem leva a pequena e frágil Alice para frente, para cima, para o lugar que eu mereço e onde gosto de estar. Eu não quero ficar na cama por dias, não quero ficar esperando que alguém me dê a receita, não quero ser a última a ser lembrada. Eu sou a minha receita e não vejo mal algum nisso. E como toda receita, posso e quero melhorar, acrescentando um novo ingrediente e pesquisando incansavelmente para repensar todos os dias como fazer o mesmo de uma forma diferente.

Algumas pessoas podem não gostar? Sim, é impossível agradar a todos, mas você tem de começar agradando a si própria e quem ama você de verdade. Ficará feliz por isso também e entenderá que nada disso é fútil ou uma fantasia passageira.

Imagine um fazendeiro, que precisa acordar, vestir sua roupa, calçar suas botas, colocar seu chapéu, em respeito à natureza e ao seu trabalho. Ele precisa das ferramentas do personagem para conduzir a sua persona e o seu trabalho da melhor forma; ele tem, portanto, um propósito ao se vestir. Um padre, ao se paramentar para celebrar uma missa, um casamento, um batizado, também tem um propósito, além de respeito por todos ali presentes. Eu também tenho um propósito quando me visto para alguém, para que esse alguém também se sinta respeitado.

O meu personagem não é falso, ele tem respeito por mim e pelos outros. E esse personagem poderia ter se manifestado por meio da arte, da jardinagem, da gastronomia ou de qualquer outra forma de expressão que mantivesse minha criatividade, mas sempre amei a moda, então esse amor foi fundamental para que eu me reerguesse, para me respeitar e, por que não dizer, para me amar da forma mais legítima e profunda possível.

Quando nos preparamos para enfrentar o mundo e as pessoas com o nosso melhor, as pessoas e o mundo tendem a nos entender melhor, porque não há uma segunda chance para causar uma primeira impressão, não é mesmo? A partir do momento em que me preparo, seja por meio da indumentária, seja por meio das minhas orações matinais, do café que saboreio na minha melhor xícara, inicio um ritual muito mais complexo que uma simples tendência. Isso nada tem de fútil ou superficial. Pelo contrário, é um ato profundo, respeitoso e educado tanto para quem doa quanto para quem recebe.

Conviver *de mãos dadas* *com* **a personagem** *é uma chave bem* **diferente de viver** *a personagem.*

Isso me salvou. Isso fez a Alice Frágil se aceitar e conviver com a Alice Ferraz. Isso não é problema algum quando você sabe quem é, entende cada parte sua e sempre pode voltar para a sua essência. A verdade é que não somos a casca, mas ela nos ajuda em nossas vivências e nossa passagem na Terra.

Espero que, assim como a moda é um interesse genuíno e autêntico para mim, você possa descobrir o seu interesse por ela.

Poder compartilhar isso com as pessoas, melhorar a vida de tantas mulheres por causa de uma casquinha chamada moda me dá muito prazer!

> *Poder* **transformar pessoas**, *assim como acontece com lagartas que se transformam em borboletas. E* **somos muitas borboletas** *que já batem suas asas ou que estão por fazer isso!*

Temos muito mais em comum do que se possa imaginar!

Somos mulheres brasileiras, que vivem neste ano, neste século, nesse país. Se conseguirmos nos ajudar, olharmos uma para as outras, certamente vai ser mais fácil e melhor!

Por meio do meu blog, do meu Instagram, quero muito mais do que mostrar o look do dia. Quero mostrar que é possível promover uma transformação, por isso estou lá todo santo dia! Para podermos vestir a casca e sair da casca, voar juntas e provar que é possível darmos o primeiro passo para sermos melhores, por meio da moda, da moda à brasileira!

Posfácio
Você também pode influenciar a moda

Como terminar este livro se ainda temos tanto a falar, descobrir e aprender?

Você é a mesma pessoa que era ao abrir esse livro? E se não for? Será que algo mudou em você?

Eu, confesso, **termino diferente** *de como comecei; com ainda* **mais ideias, projetos** *e* **desejos.**

A experiência de escrever um livro me mostrou muitas coisas, e uma delas foi entender quão difícil é não interagir imediatamente com você, por isso vamos continuar esse bate-papo nas minhas redes, temos muito o que conversar!

www.instagram.com/Fhits
www.youtube.com/FHitsTV
www.blogdaaliceferraz.com.br
www.fhits.com.br

E a primeira coisa que penso é o quanto tudo isso pode ter mexido com seus pensamentos mais profundos, a ponto de você se estimular e querer fazer algo que não existia na época em que comecei minha carreira: **estudar moda!** E a verdade mais pura é que não fiz faculdade de moda simplesmente porque ela não existia! Teria feito e acredito que ela traz base para entrar na área com muito mais conhecimento do que eu entrei.

Hoje, por mais que a informação esteja tão disseminada na internet, temos **formação** em moda, o que pode expandir ainda mais seus horizontes para essa grande, irresistível e irreversível paixão.

A moda, com suas mais encantadoras vertentes, abre frentes em diversas áreas e forma profissionais cada vez mais qualificados.

Por isso **não tenha medo** *(moda não rima com medo, lembra?), pesquise, pergunte, se informe e* **não desista** *se existir qualquer fagulha de um* **sonho** *dentro de você.*

As receitas prontas precisam sempre – e muito – de novos temperos, e você, com seu olhar, pode ser um deles.

São os olhos curiosos, inquietos e desafiadores que a moda precisa para continuar a existir. Não tenha dúvida de que seu olhar e a sua intuição poderão ser apurados e lapidados com o devido aprofundamento acadêmico. Vá em frente! Cursos livres, cursos a distância, graduação, pós-graduação, extensão, são muitas as opções de formação. Pense que há apenas 25 anos essa página não poderia ser escrita, mas agora você não só pode ler como também escrever a próxima.

Temos na cidade de São Paulo desde a pioneira Faculdade Santa Marcelina, que formou grandes estilistas, até o tradicional Curso de Design de Moda Belas Artes, que abre uma reflexão muito mais ampla sobre o tema, visto que tem como princípio que nem todo aluno de moda quer ser estilista, mas também trabalhar com gestão, estamparia ou design de superfícies, só para citar algumas áreas.

Isso sem falar nas faculdades públicas e nos cursos a distância; portanto, existe, seguramente, uma forma que vai se encaixar com perfeição à sua vida.

Segundo o Guia do Estudante, "o curso pode ser feito de duas formas: bacharelado ou tecnológico. O primeiro, que tem em média quatro anos, tem um currículo com maior ênfase na parte teórica, em geral com disciplinas como história da arte, cultura da moda e criação, desenho e estilismo. O segundo tipo, com duração de cerca de três anos, tem um currículo carregado de disciplinas práticas, com oficinas nas quais você aprende as diversas técnicas de estilismo, de desenvolvimento de coleções, modelagem, corte e costura"[10].

Esse mesmo site dá 4 estrelas ao Centro Universitário Belas Artes de São Paulo – do qual sou mentora do Curso de Social Media, uma graduação que chamo "dos novos tempos"! A nova mídia sendo pela primeira vez no Brasil levada de fato à categoria de graduação, onde deve estar.

Ficou animada?

---

10 Fonte: www.guiadoestudante.com.br. Acesso em: 25 jan. 2017.

Então prepare-se para ver a lista dos 49 cursos de graduação, seis de pós-graduação e 25 de curta duração em todo o Brasil, separadinha aqui por região[11].

E é com essa mensagem que quero encerrar este nosso primeiro encontro: não quis deixar uma lista de lojas para você montar seu *moodboard* (pois acredito que você é capaz de fazer isso e, mais ainda, que fará com mais criatividade e autenticidade sem meu direcionamento), mas quis que você tivesse agora uma lista de ideias na cabeça e cursos aqui no Brasil para formar profissionais nas áreas de estilo, gestão, editorial e mídias sociais – entre outras – e dar um sentido ainda maior à moda brasileira.

Nos vemos pelas redes. 😊 😉

Beijos,
Alice

---

11 Fonte: www.Chic.uol.com.br, onde você poderá ver mais detalhes sobre cada curso e localidade. Acesso em: 25 jan. 2017.

Lista de Cursos Superiores

SUDESTE

GRADUAÇÃO
SÃO PAULO

UNIFRAN (Design de Moda)
www.unifran.br

Faculdade Paulista de Artes
www.fpa.art.br

Senac (Estilismo e Modelagem)
www.sp.senac.br

UNIESP (Design de Moda)
www.uniesp.edu.br

Moura Lacerda (Design de Moda)
www.mouralacerda.edu.br

FAAP (Design de Moda)
www.faap.br

Belas Artes (Design de Moda), 879
www.belasartes.br

Senai SP (Produção de Vestuário)
www.sp.senai.br

USP (Têxtil e Moda)
www.usp.br

Anhembi Morumbi (Negócios em Moda)
www.anhembi.br

Anhembi Morumbi (Design de Moda)
www.anhembi.br

FMU (Moda)
www.fmu.br

UNIRP (Moda)
www.unirpnet.com.br

Santa Marcelina (Moda: Criação)
www.fasm.edu.br

UNiVap (Moda)
www.univap.br

UNISAL (Moda)
www.unisal.br

ESAMC (Moda)
www.esamc.br

IED (Design de Moda)
www.iedbrasil.com.br

MINAS GERAIS

UFMG (Design de Moda)
www.ufjf.br

UNA (Moda)
www.una.br

Centro Universitário de Belo Horizonte (Design de Moda)
www.unibh.br

FESPMG (Design de Moda)
www.fespmg.edu.br

FACED (Design de Moda)
www.faced.br

ESAMC (Moda)
www.esamc.br

RIO DE JANEIRO

UVA (Design de Moda)
www.uva.br

PUC (Design de Moda)
www.puc-rio.br

Senai CETIQT (Design: Habilitação de Moda)
www.cetiqt.senai.br

Senai CETIQT (Engenharia Têxtil)
www.cetiqt.senai.br

ESPÍRITO SANTO

FAESA (Design de Moda e Vestuário)
www.faesa.br

GRADUAÇÃO TÉCNICA
SÃO PAULO

UniToledo (Design de Moda)
www.toledo.br

FEFISA (Design de Moda)
www.fefisa.com.br

CEUNSP (Design de Moda)
www.ceunsp.edu.br

UNIP (Design de Moda)
www.unip.br

FIBBAURU (Design de Moda)
www.fibbauru.br

PANAMERICANA (Design de Moda)
www.escola-panamericana.com.br

RIO DE JANEIRO

UCAM (Moda)
www.ucam.edu.br

Senai CETIQT (Confecção de Vestuário - Tecnológico)
www.cetiqt.senai.br

Senai CETIQT (Acabamento Têxtil - Tecnológico)
www.cetiqt.senai.br

PÓS-GRADUAÇÃO
SÃO PAULO

FAAP (Direção de Criação em Moda)
www.faap.br

Senac (Modelagem e Moulage no Processo de Criação)
www.sp.senac.br/posgraduacao

Santa Marcelina (Design de Acessórios de Moda)
www.fasm.edu.br

Santa Marcelina (Moda e Criação)
www.fasm.edu.br

Belas Artes (Comunicação e Cultura de Moda)
www.belasartes.br

Anhembi Morumbi (Master em Negócios e Varejo de Moda)
www.anhembi.com.br

RIO DE JANEIRO

UVA (Produção de Moda)
www.uva.br

SUL

GRADUAÇÃO
PARANÁ

UTP (Design de Moda)
www.utp.br

Centro Universitário Campos de Andrade
www.uniandrade.br

UDC (Design de Moda)
www.udc.edu.br

UEL (Design de Moda)
www.uel.br

Faculdades Integradas Camões
www.camoes.edu.br

PUC PR (Design de Moda)
www.pucpr.br

UEM (Moda)
www.uem.br

Universidade Positivo (Design de Moda)
www.up.com.br

RIO GRANDE DO SUL

UNIRITTER (Design de Moda)
www.uniritter.edu.br

Universidade Católica de Pelotas (Tecnologia em Design de Moda)
www.ucpel.edu.br

Faculdade de Tecnologia Senac RS (Tecnologia em Design de Moda)
www.senacrs.com.br/fatec

UNISINOS (Moda)
http://www.unisinos.br/design/

SANTA CATARINA

UNERJ (Moda)
www.unerj.br

UniVali (Design de Moda)
www.univali.br

UniFebe (Design de Moda)
www.unifebe.edu.br

FURB (Moda)
www.furb.br

Uniasselvi (Design de Moda)
www.grupouniasselvi.com.br

Univille (Design de Moda)
www.univille.edu.br

GRADUAÇÃO TÉCNICA
PARANÁ

UNIPAR (Design de Moda)
www.unipar.br

UTFPR (Design de Moda)
www.utfpr.edu.br

CESUMAR (Moda)
www.cesumar.br

RIO GRANDE DO SUL

UCS (Tecnologia em Design de Moda)
www.ucs.br

ULBRA (Design de Moda)
www.ulbra.br

PÓS-GRADUAÇÃO
PARANÁ
www.pr.senai.br

NORDESTE
GRADUAÇÃO
CEARÁ
UFC (Design de Moda)
www.ufc.br

PERNAMBUCO
FBV (Design de Moda)
www.fbv.br

GRADUAÇÃO TECNOLÓGICA
BAHIA
UniJorge (Design de Moda)
www.fja.edu.br

CEARÁ
Faculdade Católica (Moda)
www.catolicaceara.edu.br

Faculdade Estácio do Ceará (Design de Moda)
www.estacio.br

Fanor (Design de Moda)
www.devrybrasil.edu.br/fanor

PIAUÍ
NOVAFAPI (Design de Moda)
www.novafapi.com.br

CENTRO-OESTE
GRADUAÇÃO
GOIÁS
UFG (Design de Moda)
www.ufg.br

GRADUAÇÃO TÉCNICA
DISTRITO FEDERAL
IESB (Design de Moda)
www.iesb.br

Universidade Estadual de Goiás (Design de Moda)
www.ueg.br

MATO GROSSO
UNIC (Design de Moda)
www.unic.br

NORTE
GRADUAÇÃO TECNOLÓGICA
AMAZONAS
Ciesa (Design de Moda)
www.ciesa.br

PARÁ
UNAMA (Moda)
www.unama.br

Faculdade Estácio do Pará (Design de Moda)
www.estacio.br

Créditos dos Looks da Alice Ferraz

Capítulo 1
Cashmere com punho: Carol Bassi
Bolsa: Chloé
Saia - Calça: Lafort
Sapatos: Carmen Steffens
Meias: KOS

Capítulo 2
Sandálias: Gucci
Calça: Ann Demeulemeester
Cinto: Alaïa
Camisa: Carol Bassi

Capítulo 3
Bolsa: Celine
Óculos: Miu Miu
Poncho: Carol Bassi
Camiseta com tela: Carol Bassi
Calça: Simone Rocha
Tênis: Gloria Coelho

Capítulo 4
Calça: Lafort
Camisa: Gloria Coelho
Tricot: Carol Bassi
Bolsa: Elena Ghisellini
Botas: Louis Vuitton

Capítulo 5
Brincos: Rebecca de Ravenel
Tricot: Carol Bassi
Cinto: Paul & Joe

Capítulo 6
Regata Lurex: Carol Bassi
Jaqueta: Cris Capoani
Calça: Carol Bassi
Colar: Ana Rocha e Appolinario

Capítulo 7
Calça: Riachuelo
Regata: Isabel Marant
Quimono: Essencial
Bolsa: Bottega Veneta
Tênis: Valentino

Capítulo 8
Pulseira: LokalWear
Blusa: Lu Monteiro
Calça: A. Niemeyer
Sandálias: Celine
Bolsa: Catarina Mina

Capítulo 9
Quimono: Osklen
Sandálias: YSL
Calça: Lafort

Capítulo 10
Calça: Tibi
Regata: Riachuelo
Sandálias: Chiara
Brincos: Mariah Rovery
Cashmere: Marisa Ribeiro
Bolsa: Chloé

Capítulo 11
Camisa: Riachuelo
Blazer: Riachuelo
Calça: Stella McCartney
Botas: Celine
Óculos: Fendi

Capítulo 12
Acervo pessoal

Capítulo 13
Jaqueta: Patricia Viera
Sandálias: Carmen Steffens
Calça: Gloria Coelho

Capítulo 14
Camiseta: Carol Bassi
Calça: Lafort
Colar e Pulseira: Akris
Sandálias: Paula Torres
Bolsa: Salvatore Ferragamo

Capítulo 15
Saia renda: Carol Bassi
Camisa Vintage: Portobello Road Market
Sandálias: Celine

Capítulo 16
Quimono Praia: Osklen
Cinto: Alaïa
Brincos : Rebecca de Ravenel

Capítulo 17
Calça tricot: Lafort
Mantô: Max Mara
Camisa: Gloria Coelho
Cashpash: Carol Bassi
Bolsa: Celine
Botas: Top Shop

Capítulo 18
Blazer: Balmain
Saia: Carol Bassi
Regata: Carol Bassi
Sandálias: Celine
Brincos: Lool

Capítulo 19
Vestido: Olympiah

Capítulo 20
Mantô: Dior

Créditos das Fotos dos *Moodboards* (p. 42 a 65)

Carin Mandelli
Carlo Locatelli
Cleiby Trevisan
Craig Arend/@Altamiranyc
Daniel Aragao
Genesis Bonilla
Grasielle Albuquerque
Higor Blanco
Ícaro Coelho
Igor Melo
João Viegas
Jonatha Oliver
Juliana de Souza
Maikel Silva
Maria Isabel Lunardelli
Michelle Rue
Paula Brum Photography
Rafa Eleutério | Voir Image
Rodrigo Zorzi
Sidnei Géa

Este livro foi impresso
pela gráfica Edições Loyola
em papel couché 150 g.